用于国家职业技能鉴定
国家职业资格培训教程

YONGYU GUOJIA ZHIYE JINENG JIANDING · GUOJIA ZHIYE ZIGE PEIXUN JIAOCHENG

# 汽车修理工

## 第2版
（初级）

### 编审委员会

主　任　刘　康

副主任　陈李翔　原淑炜

委　员　张吉国　张凯良　刘风林　王　林　王延峰　郝文直

　　　　张金码　陈　蕾　张　伟　李　克

### 本书编审人员

主　编　祖国海

副主编　祁　山

编　者　刘洪波　王世明　韩慧芝　刘　健

主　审　张凯良

中国劳动社会保障出版社

#### 图书在版编目(CIP)数据

汽车修理工：初级/中国就业培训技术指导中心组织编写．—2版．—北京：中国劳动社会保障出版社，2007

国家职业资格培训教程

ISBN 978 – 7 – 5045 – 4977 – 8

Ⅰ．汽…　Ⅱ．中…　Ⅲ．汽车 – 车辆修理 – 技术培训 – 教材　Ⅳ．U472.4

中国版本图书馆 CIP 数据核字（2006）第 103624 号

中国劳动社会保障出版社出版发行

（北京市惠新东街1号　邮政编码：100029）

出 版 人：张梦欣

\*

北京谊兴印刷有限公司印刷装订　新华书店经销
787 毫米×1092 毫米　16 开本　9.5 印张　181 千字
2007 年 8 月第 2 版　2021 年 3 月第 21 次印刷
定价：18.00 元

读者服务部电话：（010）64929211/84209101/64921644

营销中心电话：（010）64962347

出版社网址：http://www.class.com.cn

版权专有　　侵权必究

如有印装差错，请与本社联系调换：（010）81211666

**我社将与版权执法机关配合，大力打击盗印、销售和使用盗版图书活动，敬请广大读者协助举报，经查实将给予举报者奖励。**

**举报电话：（010）64954652**

# 前　言

为推动汽车修理工职业培训和职业技能鉴定工作的开展，在汽车修理从业人员中推行国家职业资格证书制度，中国就业培训技术指导中心在完成《国家职业标准——汽车修理工（2005年版）》（以下简称《标准》）制定工作的基础上，组织参加《标准》编写和审定的专家及其他有关专家，编写了《国家职业资格培训教程——汽车修理工（第2版）》（以下简称《教程》）。

《教程》紧贴《标准》，内容上，力求体现"以职业活动为导向，以职业能力为核心"的指导思想，突出职业培训特色；结构上，针对职业活动的领域，按照模块化的方式，分级别进行编写。《教程》的基础知识部分内容涵盖《标准》的"基本要求"；技能部分的章对应于《标准》的"职业功能"，节对应于《标准》的"工作内容"，节中阐述的内容对应于《标准》的"技能要求"和"相关知识"。

《国家职业资格培训教程——汽车修理工（第2版）（初级）》适用于对初级汽车修理工知识和技能的培训，是职业技能鉴定的推荐辅导用书。

本书在编写过程中得到了内蒙古交通职业技术学院等单位的大力支持与协助，在此一并表示衷心的感射。

由于时间仓促，不足之处在所难免，欢迎读者提出宝贵意见和建议。

中国就业培训技术指导中心

# 目录

## CONTENTS 《国家职业资格培训教程》

**第一章　发动机维护**　……………………………………………………（1）
　　第一节　发动机一级维护　………………………………………………（1）
　　第二节　发动机二级维护　………………………………………………（24）
　　第三节　发动机的小修作业　……………………………………………（50）

**第二章　诊断与排除发动机故障**　…………………………………………（58）
　　第一节　诊断与排除汽油发动机油路故障　……………………………（58）
　　第二节　诊断与排除汽油发动机电路故障　……………………………（63）

**第三章　汽车底盘维护**　……………………………………………………（72）
　　第一节　汽车底盘一级维护　……………………………………………（72）
　　第二节　汽车底盘二级维护　……………………………………………（85）
　　第三节　汽车底盘的小修作业　…………………………………………（110）

**第四章　诊断与排除汽车底盘故障**　………………………………………（117）
　　第一节　诊断与排除离合器故障　………………………………………（117）
　　第二节　诊断与排除手动变速器故障　…………………………………（120）
　　第三节　诊断与排除车轮与制动系统故障　……………………………（123）

**第五章　汽车电器设备维护**　………………………………………………（127）
　　第一节　一级维护　………………………………………………………（127）
　　第二节　二级维护　………………………………………………………（132）

**第六章　诊断与排除汽车电器设备故障**　…………………………………（137）

第一节　诊断与排除起动系故障 …………………………………（137）

第二节　诊断与排除充电系故障 …………………………………（139）

第三节　诊断与排除照明、喇叭、仪表装置故障 ………………（142）

# 第一章 发动机维护

## 第一节 发动机一级维护

学习目标
- 能够掌握发动机一级维护的作业内容和技术要求。
- 能够更换发动机润滑油和冷却液。

一、相关知识

1. 汽车维修常用工具、量具及设备

(1) 钳子

1) 钳子的种类与用途　汽车维修中常用的钳子有鲤鱼钳、尖嘴钳和弯嘴钳、钢丝钳、挡圈钳、断线钳和多用钳等，具体如图1—1所示。

①鲤鱼钳（见图1—1a）　按其长度分为150 mm、200 mm、250 mm三种规格。鲤鱼钳可用来切割金属丝，弯扭小型金属棒料，夹持扁形或圆柱形小工件。

②尖嘴钳和弯嘴钳（见图1—1b、c）　按其长度分为130 mm、160 mm、180 mm、200 mm四种规格。尖嘴钳和弯嘴钳可在较狭小的工作空间操作，不带刃口的只能夹捏工件，带刃口的能切剪细小零件，是修理仪表及电讯器材的常用工具。

③钢丝钳（见图1—1d）　按长度分为150 mm、175 mm、200 mm三种规格。钢丝钳带有旁刃口，除能夹持工件外，还能折断金属薄板以及切断直径较小的金属线。钳柄上套有橡胶绝缘套的钢丝钳多在带电的场合使用。

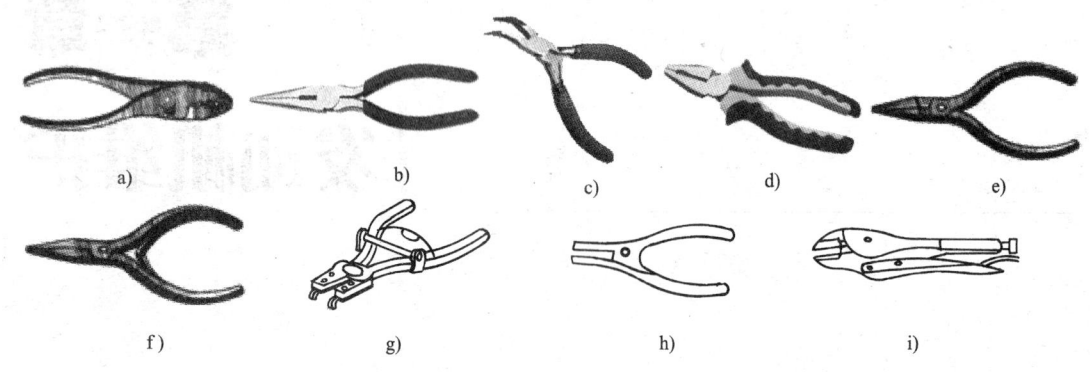

图1—1　钳子

a) 鲤鱼钳　b) 尖嘴钳　c) 弯嘴钳　d) 钢丝钳　e) 轴用挡圈钳
f) 孔用挡圈钳　g) 特种挡圈钳　h) 断线钳　i) 多用钳

④挡圈钳　按用途分为轴用挡圈钳（见图1—1e）、孔用挡圈钳（见图1—1f）和特种挡圈钳（见图1—1g）。挡圈钳专门用于拆装带拆装孔的弹性挡圈。

⑤断线钳（见图1—1h）　常用的有750 mm和900 mm两种规格，能够比较省力地剪断较粗的金属线材。

⑥多用钳（见图1—1i）　利用一组复合杠杆能产生很大夹紧力，兼有活扳手、普通钳子和夹具的功能。

2) 使用注意事项

①钳子的规格与工件规格要相适应，以免钳子小工件大造成钳子受力过大而损坏。

②使用前应先擦净钳子柄上的油污，以免工作时滑脱而导致事故。

③使用完毕应及时擦净，保持清洁。

④严禁用钳子代替扳手拧紧或拧松螺栓、螺母等带棱角的工件（见图1—2a），以免损坏螺栓、螺母等工件的棱角。

⑤使用时，不允许用钳子切割过硬的金属丝（见图1—2b），以免造成刃口损坏或钳体损伤。

⑥使用时，不允许用钳柄代替撬棒撬物体，以免造成钳柄弯曲、折断或损坏，并禁止用钳子代替锤子敲击零件。

(2) 旋具

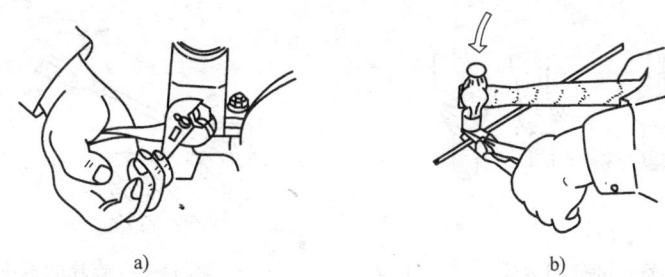

图 1—2　钳子的错误使用
a) 严禁代替扳手　b) 禁止切割过硬金属丝

1) 旋具的种类与用途

①一字旋具（见图 1—3a）　常以杆部分的长度来划分，常用的规格有 50 mm、75 mm、125 mm、150 mm 等几种，主要用于拆装一字槽的螺钉、木螺钉等。

②十字旋具（见图 1—3b）　按十字口的直径可分为 2~2.5 mm、3~5 mm、5.5~8 mm、10~12 mm 四种规格，专用于拆装十字槽口的螺钉。

③花键头旋具（见图 1—3c）　是一种使用简便的旋具与较高夹紧力的套筒相结合的工具，适用于在空间受到限制的位置处拆装小螺母或螺钉。

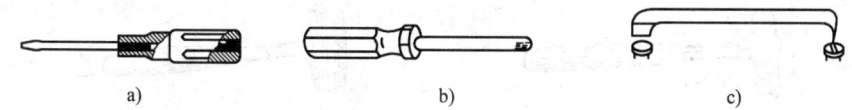

图 1—3　各种旋具
a) 一字旋具　b) 十字旋具　c) 花键头旋具

2) 旋具的使用方法　以右手握持旋具，手心抵住旋具柄端，让旋具口端与螺钉槽口处于垂直吻合状态。当开始拧松或最后拧紧时，应用力将旋具压紧后再用腕力按需要的力矩扭转旋具。待螺钉松动后，使用手心轻轻压住旋具柄，再用拇指、中指和食指快速扭转。使用较长的螺钉旋具时，可用右手压紧和转动旋具柄，左手握在旋具柄中部，防止旋具滑脱，以保证安全工作。

3) 使用注意事项

①旋具有木柄和塑料柄之分，塑料柄具有一定的绝缘性，适宜电工使用。

②使用前应擦净旋具柄和口端的油污，以免工作时滑脱而发生意外。

③选用的旋具口端应与螺钉槽口相吻合，刀口端太薄容易折断，太厚不能完全嵌入螺钉槽口内，容易使旋具口和螺钉槽口损坏。旋具的使用方法如图 1—4 所示。

④使用时，不允许将工件拿在手上用旋具拆装螺栓，以免旋具从槽口中滑出伤手。

⑤使用时，不可用旋具代替撬棒或錾子使用，如图 1—5 所示。

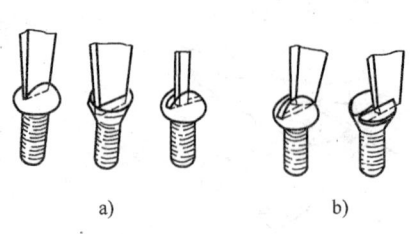
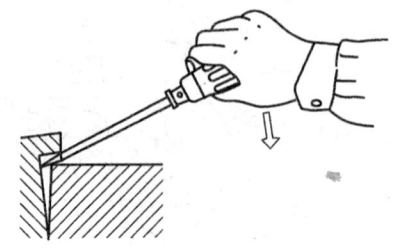

图1—4 旋具的使用方法　　　　　图1—5 旋具的不正确使用
　　a) 正确　b) 错误

⑥不允许用扳手或钳子扳转旋具口端的方法来增大扭力,以免使旋具发生弯曲或扭曲变形。

⑦使用完毕,应将旋具擦拭干净。

(3) 锤子

1) 锤子的种类与用途

①钢制圆头锤（见图1—6a）　其规格是以锤头的质量单位规定的,常用的有 0.25 kg、0.5 kg、0.75 kg、1 kg、1.25 kg 和 1.5 kg 六种规格。

②软面锤（见图1—6b）　常用的有塑料、皮革、木质和黄铜软面锤。软面锤一般用于过盈配合的组合件的拆装,当敲开或压紧组合件时,使用软面锤不会损坏零件。

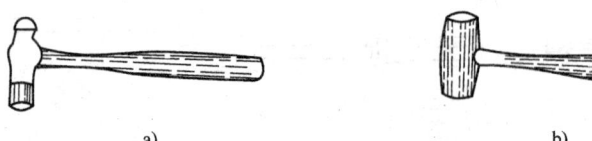

图1—6 各种锤子
a) 钢制圆头锤　b) 软面锤

2) 使用方法　手要握住锤柄后端,如图1—7a 所示。握柄时手的握持力要松紧适度,只有这样才能保证锤击时灵活自如。锤击时要靠手腕的运动,眼睛注视工件,锤头工作面和工件锤击面应平行,才能使锤面平整地打在工件上,避免如图1—7b 所示的错误操作方法。

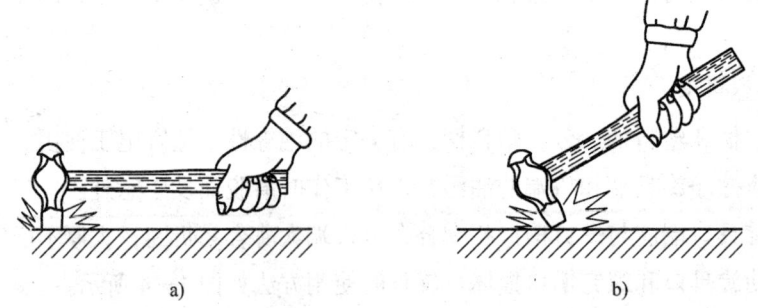

图1—7 锤子的使用
a) 正确　b) 错误

3）使用注意事项

①使用前，必须检查锤柄是否安装牢固，如有松动应重新安装，以免在使用过程中由于锤头脱出发生伤人或损物事故。

②使用前，应清洁锤头工作面上的油污，以免锤击时发生滑脱损坏工件或发生意外。

③使用时，应将手和锤柄上的汗水和油污擦干净，以免锤子从手中脱出发生伤人或损物事故。

④在锤击铸铁等脆性工件和截面较薄的零件或悬空未垫实的工件时，不能用力太猛，以免损坏工件。

⑤使用完毕，应将锤子擦拭干净。

(4) 扳手

扳手一般有呆扳手、梅花扳手、活扳手、套筒扳手、管子扳手、扭力扳手和专用扳手等。

1）呆扳手（见图1—8） 常用的有6件套、8件套两种，适用范围在6～24 mm之间。按其结构形式可分为双头扳手和单头扳手两种；按其开口角度又可分为15°、45°、90°三种。

呆扳手主要用于拆装一般标准规格的螺栓或螺母。使用时可以上下套入或直接插入，具有使用方便的特点。使用时应当注意以下几点：

①必须要选择开口尺寸与所拆装螺栓（螺母）头部尺寸相吻合的扳手，以免因扳手开口尺寸过大而损坏螺栓（螺母）的棱角，如图1—9所示。

②当使用推力拆装时，应用手掌力来推动，不能采用握推的方式，以免碰伤手指，如图1—10所示。

③禁止采用两个扳手对接或用套筒等套接的方式来加长扳手，以免损坏扳手或发生意外，如图1—11所示。

2）梅花扳手 常用的有6件套、8件套两种，适用范围在5.5～27 mm之间，如图1—12所示。使用梅花扳手时应选择合适的规格。

3）套筒扳手 是一种组合型工具，使用时由几件共同组合成一把扳手。常用的套筒扳手有13件套、17件套和24件套等多种规格，如图1—13所示。套筒扳手适合拆装部位狭小、特别隐蔽的螺栓或螺母。其套筒部分与梅花扳手的端头相似，并制成单件，根据需要选

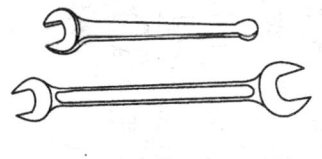

图1—8 呆扳手

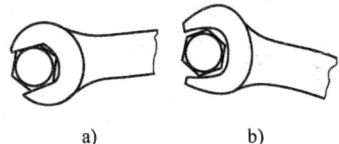

图1—9 呆扳手开口尺寸的选用
a) 正确 b) 错误

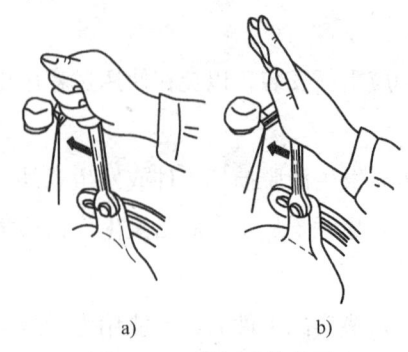

图 1—10 呆扳手的使用
a) 错误  b) 正确

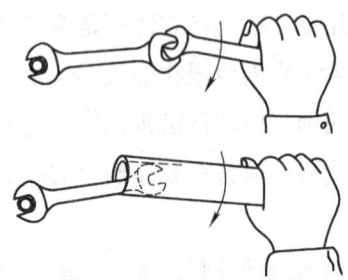

图 1—11 呆扳手的错误使用

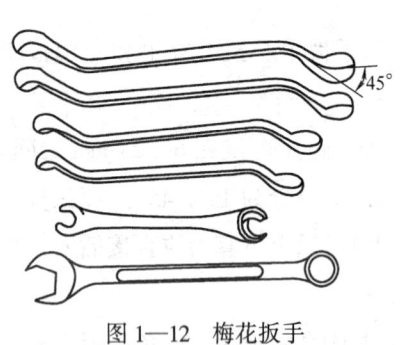

图 1—12 梅花扳手

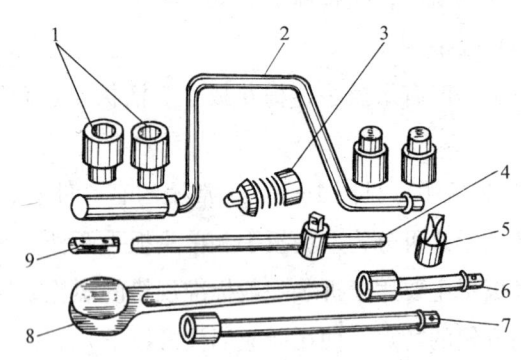

图 1—13 套筒扳手
1—套筒 2—摇柄 3—方向接头 4—活动手柄 5—旋具
6—短接杆 7—长接杆 8—快速手柄 9—接头

用不同规格的套筒和各种手柄进行组合。如活动手柄可以调整所需力臂；快速手柄可用于快速拆装螺栓、螺母；同时还能配用扭力扳手显示扭紧力矩，具有功能多、使用方便、安全可靠的特点。

4) 活扳手 其开口端根据需要可以在一定范围内进行调节，主要用于拆装不规则的带有棱角的螺栓或螺母，如图 1—14 所示。

使用活扳手应注意以下几点：

①使用时必须将活动钳口的开口尺寸调整合适。

②应使扳手的活动钳口承受推力，如图 1—15 所示。

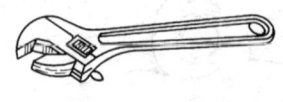

图 1—14 活扳手

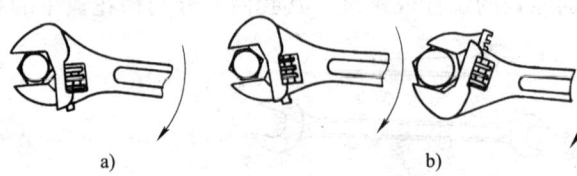

图 1—15 活扳手的使用方法
a) 正确  b) 错误

③用力要均匀,以免损坏扳手或使螺栓、螺母的棱角变形,造成打滑而发生事故。

5) 管子扳手　是一种专门用于扭转管子、圆棒以及用其他扳手难以夹持,扭转光滑的圆柱形工件的工具。管子扳手的式样和用法如图1—16所示。

使用管子扳手时应注意以下几点:

①由于管子扳手的钳口上有齿槽,使用时应尽量避免将工件表面咬毛。

②不能用管子扳手代替其他扳手来旋转螺栓、螺母或其他带有棱角的工件等,以免损坏螺栓、螺母等棱角。

6) 扭力扳手(见图1—17)　是一种与套筒扳手中的套筒配合使用,能显示扭转力矩的专用工具。用扭力扳手拧紧螺栓或螺母时,其转矩的大小能及时指示出来,扭矩的单位是牛顿·米(N·m)。在汽车维护中常用的扭力扳手的规格为 0~300 N·m。在汽车维修作业中,凡是有扭紧力矩要求的螺栓或螺母,均需用扭力扳手将螺栓或螺母拧到规定力矩。扭力扳手的使用方法如图1—18所示。

图1—16　管子扳手及使用方法

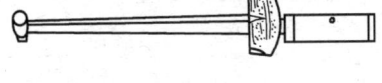

图1—17　扭力扳手

使用扭力扳手应注意以下几点:

①使用扭力扳手必须符合规定,切忌在过载情况下使用而造成扭力扳手的失准或损坏。

②使用完毕应将扭力扳手平稳放置,避免因重物撞、压,造成扳手杆或扳手指针变形而影响扳手的精度,甚至损坏扳手。

7) 专用扳手　专用扳手(见图1—19)是一些用途较为单一的特殊扳手的通称。通常以其用

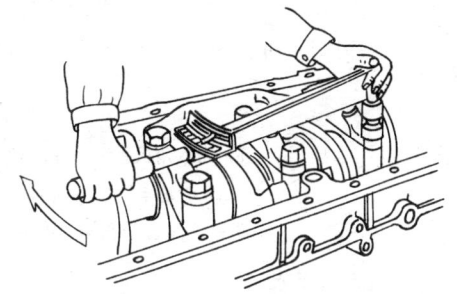

图1—18　扭力扳手的使用方法

途或结构特点来命名。每一种扳手,又可按照不同规格和尺寸进行分类,具体如下:

①内六角扳手,用于扭转内六角头部的螺栓(见图1—19a)。

②圆螺母扳手,用于扭转槽型螺母(见图1—19b)。

③叉形凸缘及转向螺母套筒扳手,用于扭转轮毂轴承调整、锁紧螺母(见图1—19c)。

④方扳手,用于扭转四棱柱头部的螺栓(见图1—19d)。

⑤叉形扳手,用于扭紧圆柱孔定位的螺母(见图1—19e)。

⑥火花塞套筒扳手，用于拆装火花塞（见图1—19f）。
⑦气门芯扳手，用于拆装轮胎气门芯（见图1—19g）。
⑧钩形扳手，用于扭转槽形螺母等（见图1—19h）。
⑨专用套筒扳手，用于扭转特殊螺栓或螺母（见图1—19i）。
⑩润滑油滤清器扳手，用于拆装润滑油滤清器总成（见图1—19j）。

在使用专用扳手时，必须选用与零件相适应的扳手，以免扳手滑脱伤手或损坏零件。

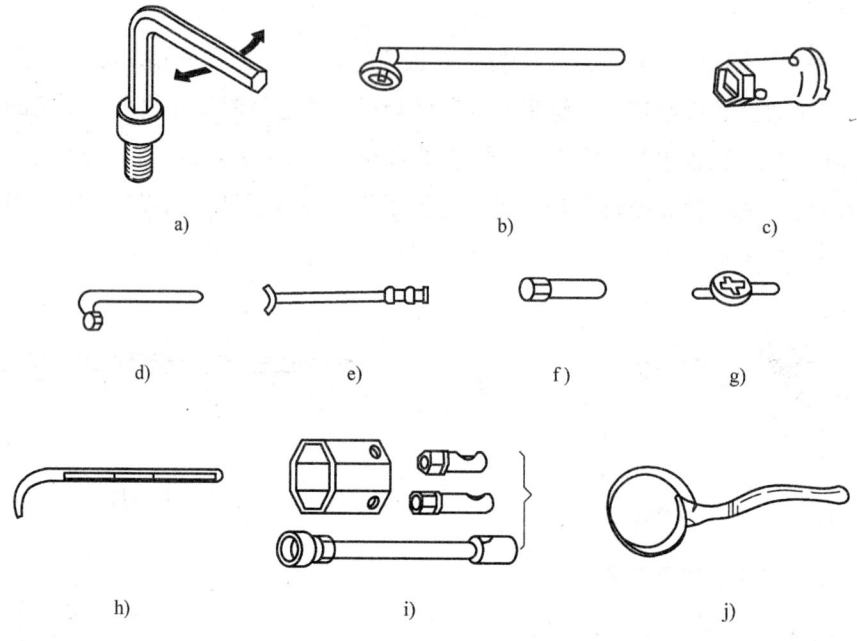

图1—19 专用扳手

a) 内六角扳手 b) 圆螺母扳手 c) 叉形凸缘及转向螺母套筒扳手
d) 方扳手 e) 叉形扳手 f) 火花塞套筒扳手 g) 气门芯扳手
h) 钩形扳手 i) 专用套筒扳手 j) 润滑油滤清器扳手

(5) 两爪拉器

两爪拉器主要用于拆卸发动机曲轴正时齿轮、曲轴带轮、风扇带轮、凸轮轴正时齿轮及其他位置尺寸合适的齿轮、轴承凸缘等圆盘形零件。两爪拉器一般有如图1—20、图1—21、图1—22所示的几种形式。

使用两爪拉器注意事项：使用两爪拉器时，当拉器与被拉工件安装好后，要检查拉爪是否卡紧，两边受力是否均匀对称，垫套与轴是否对中，然后扭动螺杆接触工件后，再复查一次，确认无误后，才能进行拆卸工作。

如图1—23所示为两爪拉器使用实例。

(6) 三爪拉器

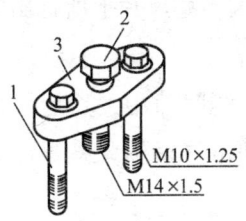 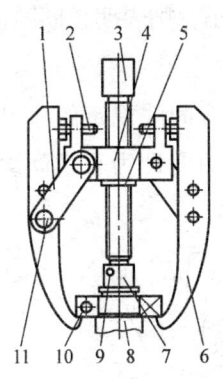 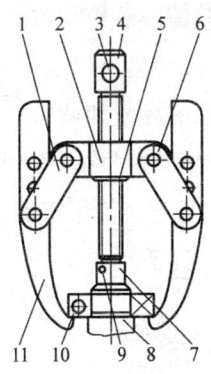

图1—20 两爪拉器形式1　　图1—21 两爪拉器形式2　　图1—22 两爪拉器形式3
1—拉爪　2—螺杆　3—拉器横臂　　1—连接板　2—螺栓　3—螺杆　　1—连接板　2—螺栓　3—螺杆
　　　　　　　　　　　　　　　　4—横臂　5—螺母　6—拉爪　　4—横臂　5—螺母　6—销轴
　　　　　　　　　　　　　　　　7—垫套　8、10—工件　　　　7—垫套　8、10—工件
　　　　　　　　　　　　　　　　9—定位销　11—销　　　　　9—定位销　11—拉爪

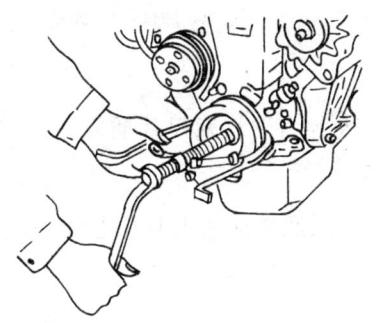 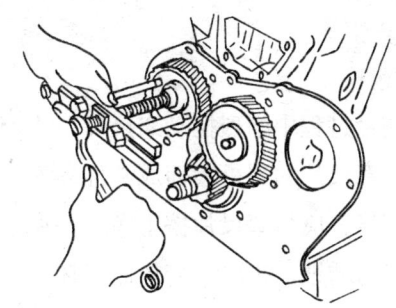

图1—23 两爪拉器使用实例

三爪拉器主要用于拆卸各种齿轮及其他轴承、凸缘等圆盘形构件,三爪拉器如图1—24所示。

三爪拉器使用方法与两爪拉器的使用方法相同。

(7) 塞尺

塞尺如图1—25所示,是一种由多片不同厚度的标准钢片所组成的测量工具,每片钢片有平行的两测量平面,并在钢片上标出其厚度值。主要用于两个接合面之间的间隙值的检验。使用时,可以用一片进行测量,也可以由多片组合在一起进行测量。

1) 使用方法

①用干净布将塞尺片两测量表面擦拭干净,严禁在沾有油污或金属屑末的情况下进行测量,否则将直接影响测量结果的准确性。

②将塞尺片插入被测间隙中,来回拉动塞尺片,感到稍有阻力则该间隙值接近塞尺片上

所标出的数值。若拉动时阻力过大或过小，则表明该间隙值小于或大于塞尺片上所标出的数值。

③间隙的测量和调整。首先选择符合间隙规定的塞尺，插入被测间隙中，然后一边调整，一边拉动塞尺片，直到感觉稍有阻力时即为合适间隙，这时即可拧紧锁紧螺母。如图1—26所示为塞尺使用实例。

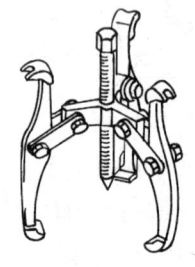

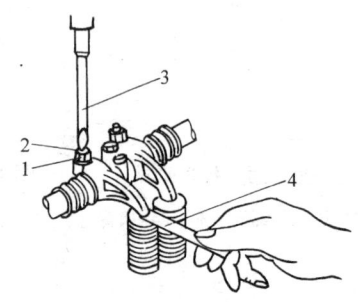

图 1—24　三爪拉器　　　图 1—25　塞尺　　　图 1—26　塞尺使用
　　　　　　　　　　　　　　　　　　　　　　1—锁紧螺母　2—调整螺栓
　　　　　　　　　　　　　　　　　　　　　　3—旋具　4—塞尺

2) 使用注意事项

①不允许在测量过程中剧烈拉动塞尺片，或用较大的力硬将塞尺片插入被检测间隙中，否则将损坏（伤）塞尺片的测量表面或零件表面。

②塞尺使用完毕，应将塞尺片擦干净，并涂上一薄层润滑油或工业凡士林，然后将塞尺片折回夹框内，以防锈蚀、拱曲、变形而损坏。

③存放时，不能将塞尺放在重物以下以免损坏塞尺。

(8) 游标卡尺

游标卡尺（见图1—27）是一种能直接测量工件内外直径、宽度、长度或深度的量具。

按照测量功能可以分为普通游标卡尺、深度游标卡尺等；按照其精度可以分为0.10 mm、0.20 mm、0.05 mm 等几种。

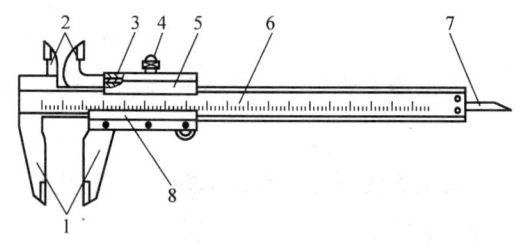

图 1—27　游标卡尺
1—外量爪　2—内量爪　3—弹簧片　4—紧固螺钉
5—尺框　6—尺身　7—深度尺　8—游标

1) 使用方法

①使用前，必须将工件被测表面和卡脚接触表面擦干净。

②测量工件外径时，将量爪向外移动，使两量爪间距大于工件外径，然后再慢慢地移动

游标，使两量爪与工件接触。切忌硬卡硬拉，以免影响游标卡尺的精度和读数的准确性。

③测量工件内径时，将量爪向内移动，使两量爪间距小于工件内径，然后再缓慢地向外移动游标，使两量爪与工件接触，如图1—28a所示。

④测量时，应使游标卡尺与工件垂直，固定锁紧螺钉。测外径时，记下最小尺寸；测内径时，记下最大尺寸。

⑤用深度游标卡尺测量工件深度时，将固定量爪与工件被测表面平整接触，然后缓慢地移动游标，使量爪与工件接触。移动力不宜过大，以免硬压游标而影响测量精度和读数的准确性，如图1—28b所示。

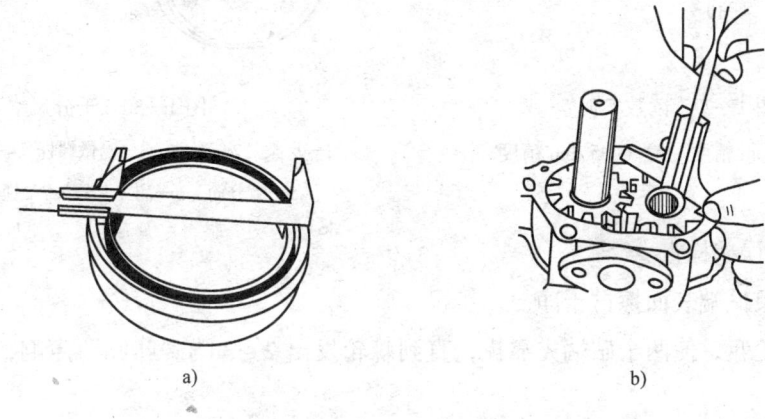

图1—28 游标卡尺的使用
a）测量工件内径 b）测量工件深度

⑥用毕，将游标卡尺擦拭干净，并涂一薄层工业凡士林，放入盒内存放，切忌拆卸、重压。

2）读数方法

①读出游标卡尺刻线所指示尺身上左边刻线的毫米数。

②观察游标卡尺上零刻线右边第几条刻线与尺身某一刻线对准，将读数乘以游标上的格数，即为毫米小数值。

③将尺身上整数和游标上的小数值相加即得被测工件的尺寸。即：

$$工件尺寸 = 尺身整数 + 游标卡尺读数值 \times 游标格数$$

3）读数实例

①如图1—29a所示的读数值为：

$$27 \text{ mm} + 5 \times 0.1 \text{ mm} = 27.5 \text{ mm}$$

②如图1—29b所示的读数值为：

$$22 \text{ mm} + 10 \times 0.05 \text{ mm} = 22.5 \text{ mm}$$

(9) 千分尺

千分尺是一种用于测量加工精度要求较高的精密量具，其测量精度可达到 0.01 mm。

按照测量范围可以分为 0~25 mm、25~50 mm、50~75 mm、75~100 mm、100~125 mm 等多种。虽然千分尺的规格不同，但每一种千分尺的测量范围均为 25 mm，其结构如图 1—30 所示。

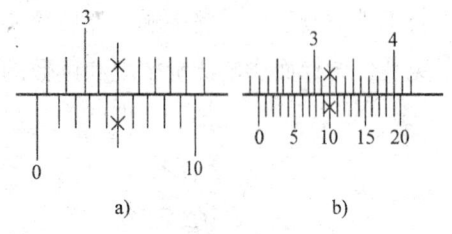

图 1—29 读数实例

a) 0.10 mm 精度　b) 0.05 mm 精度

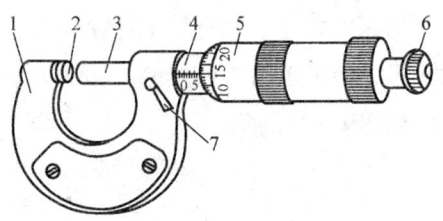

图 1—30 千分尺

1—尺架　2—测砧　3—测微螺杆　4—固定套筒
5—微分筒　6—测力装置　7—锁紧装置

1) 千分尺误差检查

①将千分尺砧端表面擦拭干净。

②旋转棘轮盘，使两个砧端先靠拢，直到棘轮发出 2~3 响"咔咔"声响，这时检视指示值。

③微分筒前端应与固定套筒的"0"线对齐。

④微分筒的"0"线应与固定套筒的基线对齐。

⑤若两者中有一个"0"线不能对齐，则该千分尺有误差，应予检调后才能测量。

2) 使用方法

①将工件被测表面擦拭干净，并置于千分尺两砧端之间，使千分尺螺杆轴线与工件中心线垂直或平行，若歪斜着测量，则直接影响到测量的准确性。

②旋转旋钮，使砧端与工件测量表面接近，这时改用旋转棘轮盘，直到棘轮发出"咔咔"声响时为止，此时的指示数值就是所测量到的工件尺寸。

③测量完毕，放倒微分筒后，取下千分尺。

④使用完毕，应将千分尺擦拭干净，保持清洁，并涂抹一薄层工业凡士林，然后放入盒内保存。禁止重压、弯曲千分尺，且两砧端不得接触，以免影响千分尺精度。

3) 读数方法

①从固定套筒上露出的刻线读出工件的毫米整数和半毫米整数。

②从微分筒上由固定套筒纵向线对准的刻线读出工件的小数部分（百分之几毫米），不足一格数（千分之几毫米），可用估算读法确定。

③将两次读数相加就是工件的测量尺寸。

如图1—31所示为千分尺读数实例。

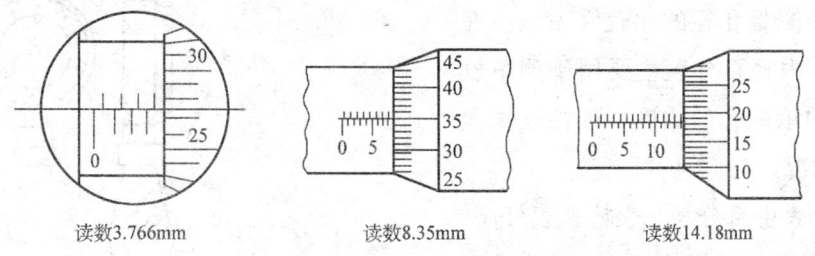

图1—31 千分尺读数实例

（10）百分表

百分表是一种比较性测量仪器，如图1—32所示。主要用于测定工件的偏差值、零件平面度、直线度、跳动量、汽缸圆度、圆柱度误差以及配合间隙等。

1）读数方法 百分表的表盘刻度一盘分为100格，当测头每移动0.01 mm时，大指针就偏转1格（表示0.01 mm），指针的偏转量就是被测零件的实际偏差或间隙值。

2）使用方法

①先将百分表固定在表架（支架）上，以测杆端测头抵住被测工件表面，并使量头产生一定位移（即指针在一个预偏转值），如图1—33所示。

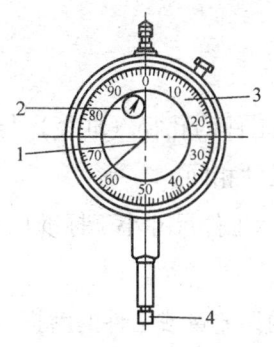

图1—32 百分表
1—大指针 2—小指针 3—表盘 4—测头

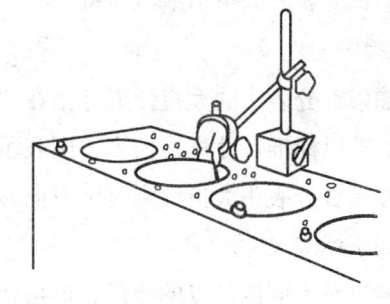

图1—33 百分表的使用

②移动被测工件，同时观察百分表表盘上指针的偏转量，该偏转量即为被测物体的偏差尺寸或间隙值。

3）使用注意事项

①测杆轴线应与被测工件表面垂直。

②百分表用毕，应解除所有的负荷，用干净布将表面擦拭干净，并在容易生锈的金属表面涂抹一薄层工业凡士林，水平地放置盒内，严禁重压。

(11) 内径百分表（量缸表）

内径百分表又称量缸表（见图1—34），它是一种用于测量孔径的比较性量具。在汽车维修中，内径百分表主要用于测量发动机汽缸和轴承座孔的圆度、圆柱度误差或零件磨损情况。

内径百分表由百分表、表杆、表杆座、活动测杆（测头）、支撑架和一套长度不等的接杆等组成。

内径百分表使用方法：

1) 用手拿住绝热套（见图1—35），另一只手尽量托住表杆下部，轻轻摆动表杆，使内径百分表测杆与汽缸轴线垂直。是否垂直可通过观察百分表指针摆动情况来判断，当表针指示到最小数值时，即表示测杆已垂直于汽缸轴线。

2) 内径百分表读数方法与百分表相同，读出百分表表头指示数值即可。

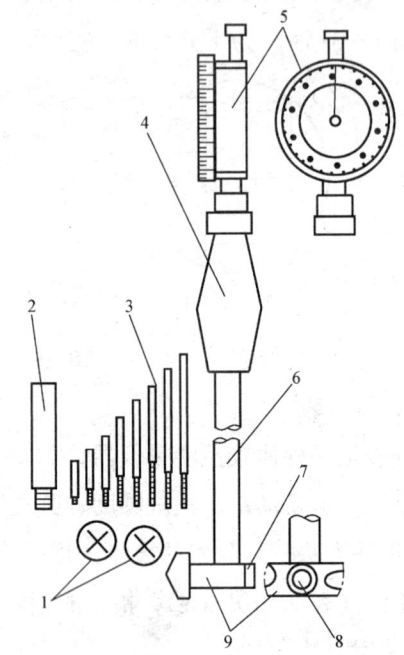

图1—34 内径百分表
1—螺母 2—长接杆 3—接杆 4—绝缘套 5—百分表
6—表杆 7—表杆座 8—活动测杆 9—支承架

3) 确定工件尺寸

①如果百分表头的大指针正好指在"0"处，说明被测工件的孔径（缸径）与其校表尺寸相等。若以标准尺寸进行校表，则表示工件尺寸与标准尺寸相同。

②如果百分表头大指针顺时针方向转离"0"位，则表示工件尺寸小于标准尺寸；反之，则表示大于标准尺寸。

③通过对不同测量点的测量，即可得到圆度、圆柱度的误差量或工件的磨损情况。

(12) 汽缸压力表

1) 汽缸压力表分类　汽缸压力表（见表1—36）是一种专门用于检查汽缸内气体压力大小的量具，按其连接方式的不同，汽缸压力表可分为推入式和螺纹接口式两种，这两种汽缸压力表的测量范围不同，通常情况下推入式汽缸压力表用于汽油发动机，螺纹接口式汽缸压力表用于柴油发动机。

2) 汽缸压力表使用方法

①起动发动机并运转到正常工作温度，旋下全部火花塞（汽油发动机）或喷油器（柴油发动机）。

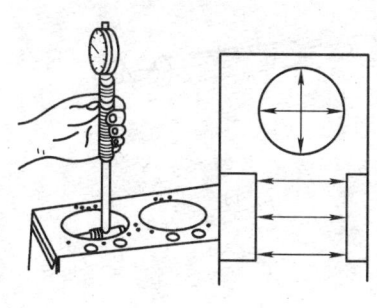

图 1—35 内径百分表的使用方法

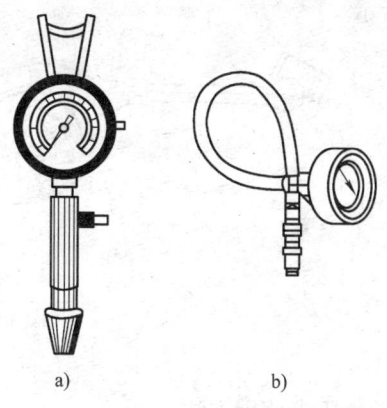

图 1—36 汽缸压力表
a）推入式 b）螺纹接口式

②安装汽缸压力表

a. 将汽油发动机节气门和阻风门完全打开，把推入式汽缸压力表的锥形橡胶圈压紧在火花塞座孔上，如图 1—37a 所示。

b. 柴油发动机必须采用螺纹接口式汽缸压力表，将汽缸压力螺纹接口旋入喷油器座孔内，如图 1—37b 所示。

③用起动机带动曲轴旋转 3~5 s，使发动机转速保持在 150~180 r/min（汽油发动机）或 500 r/min（柴油发动机），这时汽缸压力表所指示的压力值，就是该汽缸的压缩压力。

④按下汽缸压力表上的放气阀，则压力表指针回零。

⑤在实际测量汽缸压缩压力时，每个汽缸应重复测量 2~3 次。

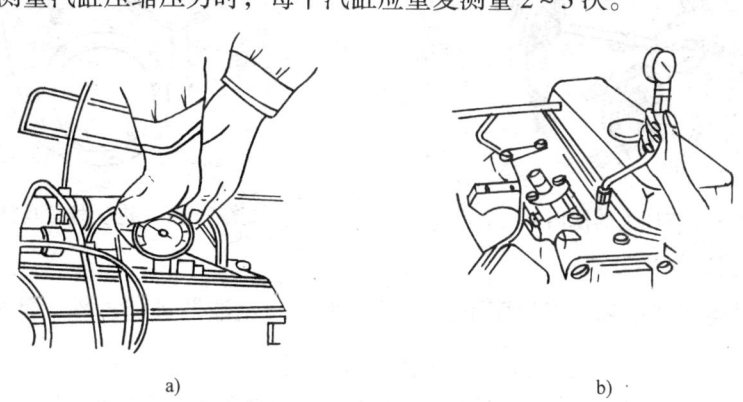

图 1—37 汽缸压力表的使用方法
a）推入式汽缸压力表 b）螺纹接口式汽缸压力表

（13）轮胎气压表

轮胎气压表是专门用于测定轮胎气压的量具。常用的形式有指针式和标杆式两种，如图

1—38 所示。

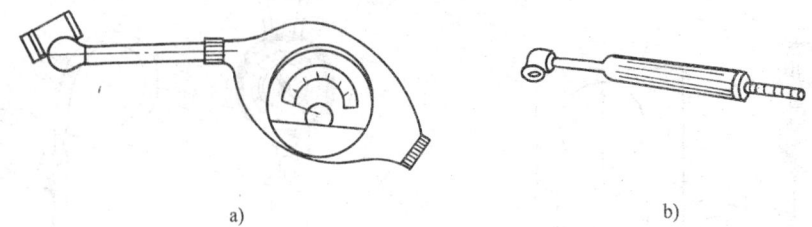

图 1—38 轮胎气压表
a) 指针式  b) 标杆式

轮胎气压表使用方法：

1) 将轮胎气压表测量槽口与轮胎气门嘴对正压紧。这时轮胎气压表指针发生偏转，其指示值即为该轮胎的充气压力；或者轮胎气压表标杆在气压作用下被推出，这时标杆上所显示的数值即为该轮胎的充气压力，如图 1—39 所示。

2) 测量完毕，应仔细检查轮胎气门芯是否有漏气。若有漏气，则应予以排除。

(14) 进气歧管真空表

进气歧管真空表是一种用于测试发动机进气歧管内真空度的工具，如图 1—40 所示。真空表刻度盘一般分为 100 格，其测量范围为 0~100 kPa。

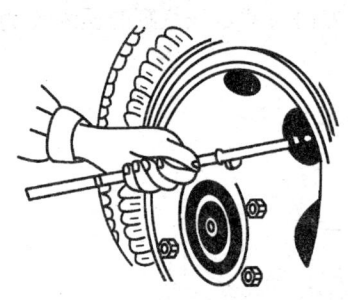

图 1—39 轮胎气压表的使用方法

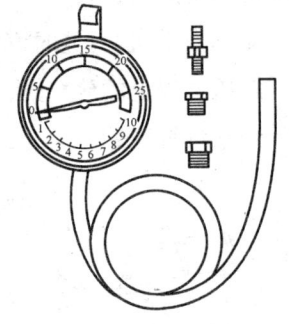

图 1—40 进气歧管真空表

进气歧管真空表使用方法：

1) 将发动机运转到正常工作温度下，并对点火系、化油器进行调整，使发动机保持稳定怠速运转。

2) 将真空表用一根胶管连接到进气歧管或化油器下体的真空连接管上。

3) 观察真空表指针的指示值，并改变发动机的转速，观察真空度的变化情况，分析判断发动机不同工况下的技术状况。

(15) 千斤顶

千斤顶是一种最常用最简单的起重工具。按照其工作原理可以分为机构丝杆式和液压式两种，如图1—41所示。按照所能起顶质量可以分为3 000 kg、5 000 kg、9 000 kg等多种不同规格，目前被广泛使用的是液压式千斤顶。

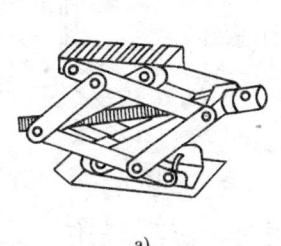 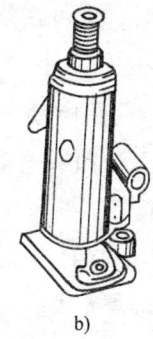

图1—41　千斤顶
a) 机构丝杆式　b) 液压式

1) 使用方法

①起顶汽车前应把顶面擦拭干净，拧紧液压开关，把千斤顶放置在被顶部位的下部，且使千斤顶与汽车间相互垂直，以防千斤顶滑出而造成事故。

②旋转顶面螺杆，改变千斤顶顶面与汽车间的原始距离，使顶起高度符合汽车需要顶起的高度。

③用三角形垫木，将汽车着地车轮前后塞住，防止汽车在起顶过程中发生滑溜事故。

④用手上下压动千斤顶手柄，被顶汽车逐渐升到一定高度，在车架下放入搁车凳。

⑤徐徐拧松液压开关，使汽车缓慢平稳地下降，架稳在搁车凳上。

2) 使用注意事项

①汽车在起顶或下降过程中，绝对禁止在汽车下面进行作业。

②汽车下降时，液压开关应徐徐拧松，不能过快，以免汽车下降速度过快而发生事故。

③在松软路面上使用千斤顶顶起汽车时，应在千斤顶底座下加垫一块有较大面积且能承受压力的材料（如木板等），以减小底座对地面的正压力，防止千斤顶在汽车重压下而下沉。

④千斤顶把汽车顶起后，当液压开关处于拧紧状态时，若发生自动下降故障，则应寻找原因，及时排除后方可继续使用。

⑤若发现千斤顶缺油时，则应及时补加规定油液，禁止使用其他油液或水代替。

⑥千斤顶禁止用火烘热，以防皮碗、皮圈损坏。

⑦千斤顶必须垂直放置，以免油液渗漏而失效。

(16) 电动举升器

电动举升器的结构形式很多，这里仅例举如图1—42所示的双柱托举式汽车电动举升器。

1)使用方法 按下升、降电钮即可实现升降作业。按下停止电钮,升降叉便可停在任一位置,使汽车举到要求的高度。在无电源时,也可在蜗杆一侧加装手柄进行手动操纵。

2)使用注意事项 使用电动举升器时,应注意经常保持各运动副的良好润滑和蜗轮箱的润滑油量,经常调整电动机传动带松紧度。

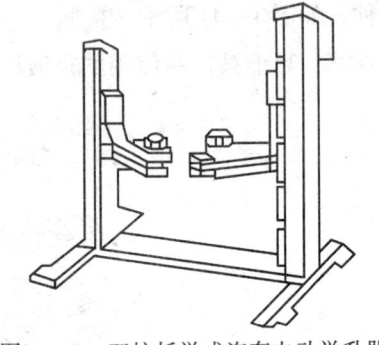

图1—42 双柱托举式汽车电动举升器

2．汽车维护的原则和目的

汽车维护是指为维持汽车完好技术状况或工作能力而进行的作业,应贯彻"预防为主、强制维护"的原则。

汽车维护的目的在于保持车容整洁,及时发现和消除故障隐患,防止车辆早期损坏,从而达到下列要求:

(1)车辆经常处于良好的技术状况,随时可以出车。

(2)在合理使用的条件下,不致因中途损坏而停车,以及因机件事故而影响行车安全。

(3)在运行过程中,降低燃、润料以及配件和轮胎的消耗。

(4)各部总成的技术状况尽量保持均衡,以延长汽车大修间隔里程。

(5)减少车辆噪声和排放污染物对环境的污染。

3．汽车维护的分级和周期

(1)《汽车运输业车辆技术管理规定》将车辆维护分为日常维护、一级维护、二级维护3个等级。

(2)汽车维护周期一般根据车辆结构性能、使用条件、故障规律等综合因素确定。

通常情况,汽车每行驶2 000～3 000 km,必须进行一次一级维护。汽车行驶10 000～15 000 km后,进行二级维护,维护必须由专业维修工实施。只有对汽车进行全面的检查和调整,才能保证汽车行驶的安全性、动力性和经济性能达到使用要求。

4．汽车一级维护作业

(1)一级维护工艺过程

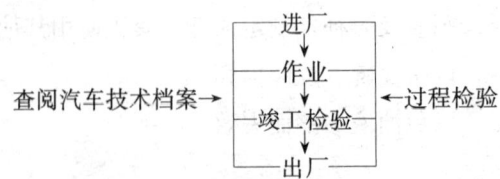

(2)发动机一级维护作业内容与技术要求

1)更换发动机润滑油和润滑油滤清器技术要求

润滑油量应位于油标尺上、下刻线之间。更换润滑油后，起动发动机，滤清器处应无润滑油泄漏。

2）检查、补充冷却液作业技术要求

①冷却液品种要符合本地气候条件。

②按时更换冷却液。普通冷却液应每6个月更换1次。长效防锈防冻液一般每两年更换1次。

3）更换空气滤清器滤芯作业技术要求

①汽车行驶 7 500~8 000 km 应对空气滤清器进行维护。

②汽车行驶 30 000 km 应更换滤芯。

③滤芯应清洁无破损，上、下衬垫无残缺，密封良好；滤清器应清洁，安装牢固。

4）检查、清洁火花塞作业技术要求

①火花塞性能良好，电极呈现灰白色，无积炭。

②火花塞间隙应在 0.7~0.9 mm 之间。

5）燃料系统一级维护作业技术要求

①燃油系各连接螺栓应紧固，衬垫良好，不漏油，不漏气。

②汽油泵工作正常，管路畅通，无凹陷、裂损，接头不漏油。

③化油器滤网清洁、作用良好，外部清洁无泥垢，节气门、阻风门开闭完全，联动件运动灵活不松旷，垫圈、锁销齐全有效。

6）点火系统的作业技术要求

①分电器盖无破损或龟裂，分火头无裂纹和破损。

②触点完好，触点间隙在 0.35~0.45 mm 之间。各线路接头牢固可靠，无漏电，各连接轴无松旷和轴向窜动。

7）一级维护竣工检验技术要求

①发动机前后悬挂、进排气歧管、散热器、轮胎、传动轴、车身、附件支架等外露件螺母须齐全、紧固、无裂纹。

②转向臂、转向拉杆、制动操纵机构工作可靠，锁销齐全有效，转向杆球头、转向传动十字轴承、传动轴十字轴承无松旷。

③转向器、变速器、驱动桥的润滑油面，应在检视口下沿 0~15 mm（车辆处于停驶状态）处，通风孔应畅通；变速器、减速器的凸缘螺母紧固可靠。

④各润滑脂油嘴齐全有效，安装位置正确，所有润滑点均已润滑，无遗漏。

⑤空气滤清器滤芯清洁有效。

⑥轮胎气压应符合充气规定，胎面无嵌石及其他硬物。

⑦离合器踏板和制动踏板自由行程符合技术规定。
⑧灯光、仪表、喇叭、信号齐全有效。
⑨蓄电池电解液液面应高出极板 10~15 mm，通风孔畅通，接头牢固。
⑩车轮轮毂轴承无松旷。
⑪全车各部无漏水、漏油、漏气和漏电现象。
一级维护质量保证期：里程为 300 km，或从出厂之日 2 天内。

5. 机油的分类与黏度等级

（1）分类

国家标准 GB/T 7631.3—1995《内燃机油分类》规定了汽车用及其他固定式内燃机机油（汽油机和柴油机）的详细分类。内燃机油按特性和使用场合分为：

汽油机油：SC、SD、SE、SF、SG 和 SH 等。

柴油机油：CC、CD、CD—Ⅱ、CE、CF—4 等。

（2）黏度等级

国标 GB/T 14806—1994《内燃机油黏度分类》将黏度等级分为：0W、5W、10W、15W、20W、25W、20、30、40、50 和 60。

SC 汽油机油按黏度分为 5W/20、10W/30、15W/40、30 和 40 等牌号。

SD 汽油机油按黏度分为 5W/30、10W/30、15W/40、30 和 40 等牌号。

SF 汽油机油按黏度分为 5W/30、10W/30、15W/40、30 和 40 等牌号。

CC 柴油机油按黏度分为 5W/30、5W/40、10W/40、15W/40、20W/40、30、40 和 50 等牌号。

CD 柴油机油按黏度分为 5W/30、10W/30、10W/40、15W/40、20W/40、30、40 等牌号。

机油牌号中，在数字后面带"W"字母的，表示低温系列，数字代表黏度等级，W 表示冬用；不带字母的数字代表普通系列。牌号中 15W/30 这种形式称为多级油，表示这种机油黏温特性良好，可四季通用。

6. 冷却液的分类

冷却液由水、防冻剂、添加剂 3 部分组成，按防冻剂成分不同可分为酒精型、甘油型、乙二醇型等类型的冷却液。

（1）酒精型冷却液

酒精型冷却液是用乙醇（俗称酒精）作防冻剂，价格便宜，流动性好，配制工艺简单，但沸点较低、易蒸发损失、冰点易升高、易燃等，现已逐渐被淘汰。

（2）甘油型冷却液

甘油型冷却液沸点高、挥发性小、不易着火、无毒、腐蚀性小，但降低冰点效果不佳、成本高、价格昂贵，用户难以接受，只有少数北欧国家仍在使用。

(3) 乙二醇型冷却液

乙二醇型冷却液是用乙二醇作防冻剂，并添加少量抗泡沫、防腐蚀等综合添加剂配制而成。由于乙二醇易溶于水，可以任意配成各种冰点的冷却液，其最低冰点可达 $-68℃$，这种冷却液具有沸点高、泡沫倾向低、黏温性能好、防腐和防垢等特点，是一种较为理想的冷却液，目前国内外发动机所使用的和市场上所出售的冷却液几乎都是乙二醇型冷却液。

## 二、操作技能

1. 操作内容

(1) 更换发动机润滑油。

(2) 更换机油滤清器滤芯。

(3) 检查清洁空气滤清器。

(4) 补充或更换冷却液。

2. 操作准备

(1) 汽车1台。

(2) 发动机维修工具和设备。

3. 操作步骤

(1) 更换发动机润滑油

1) 工作步骤

①将汽车停放于平坦场地上，在前、后车轮外垫上止滑块。

②在热车状态下，拧下润滑油盘下部放油螺栓（注意防止热油烫伤人），放出润滑油。清除螺栓上吸附的杂质，并将其拧回原位。

③打开汽缸盖前罩盖上的加润滑油口盖，取下小空气滤清器。

④加入新润滑油，使油面达到油标尺的上限。

⑤起动发动机，怠速运转数分钟，停机 30 min 后，用油标尺检查油面是否在 2/4 ~ 4/4 之间，不足时应补加。最后盖好加润滑油口盖。

2) 更换润滑油注意事项

①汽油机润滑油和柴油机润滑油一般不能通用。只有在汽车制造厂有特别说明或标明润滑油是汽油机和柴油机的通用油时，才可在标明的级别范围内通用。例如，一汽—大众公司宝来轿车的原厂发动机润滑油可以用于汽油机宝来和柴油机宝来两种轿车上。

②选用的润滑油黏度应适当，不可偏向选择黏度大的润滑油。

a. 认为润滑油黏度越大，润滑作用越好，这是一种错误的观点。在保证发动机可靠润滑的前提下，润滑油黏度应尽可能小，选择不适当的高黏度润滑油，会使发动机的运转阻力增大，增加燃油消耗量。黏度大的润滑油除了在夏季使用外，仅适用于一些已经严重磨损的发动机。

b. 也不要选用黏度过低的润滑油，否则可能使润滑油压力过低，油膜强度不够，或使活塞环密封不严，要根据车况和季节来正确选用润滑油。

c. 对于冬夏通用的润滑油来说，可以全年使用。

③坚持经济适用的原则。在选择润滑油的使用级别时，高级别润滑油可以在要求较低的发动机上使用，但这样会造成浪费。严禁将低级别的润滑油在要求较高的发动机中使用，否则会造成发动机早期磨损和损坏。

④润滑油往往使用很短时间颜色就会发黑，这时很多用户就认为润滑油的质量不好，其实这通常是正常现象。发动机润滑油不仅有润滑的作用，同时还有清洗的作用，它可以将发动机内部附着的积炭分散清洗下来，在更换润滑油时，积炭就可以随着润滑油排出。因此，一旦出现短时间内润滑油发黑的现象，应认真分析原因。

⑤在发动机工作时，正常情况下都有润滑油消耗，只是量多量少的问题，一般在磨合期消耗量比较大。因为润滑油消耗量多少不一，所以用户应该定期通过油尺检查油面的高度，发现不足时应及时补充。如果润滑油消耗量突然增大，就应当检查润滑油是否泄漏，活塞环或气门油封是否磨损，无论什么原因，都要及时检查消除。

⑥原则上不同厂家生产的润滑油中含有的基础油和添加剂不同，在混合使用时可能出现不兼容或发生反应，所以不同牌号润滑油不能混用，但特殊情况下也可以临时混用，一旦条件允许应及时更换同一牌号的润滑油。

(2) 更换机油滤清器滤芯

1) 起动发动机使之运转，待达到正常的工作温度（80℃以上）后，将发动机熄火，热车状态下放出油底壳和机油滤清器内的润滑油。

2) 当油底壳放油螺孔将旧润滑油放净时，用滤清器扳手卸下机油滤清器滤芯。准备好同样的滤芯，先在滤芯的O形密封圈上涂抹一层润滑油，用手将滤芯拧至不动为止。不要用机油滤清器的扳手拧紧，以防损坏O形密封圈，造成漏油。

3) 从加润滑油口加入适量润滑油。起动发动机，在怠速的情况下，观察机油滤清器有无泄漏。如有泄漏，应拆检油封胶圈，排除漏油现象。

(3) 检查清洁空气滤清器

1) 清洁空气滤芯

①松开滤清器锁扣，卸下固定滤芯的螺母，取下护盖后拔出滤芯。取出滤芯时，要注意防止杂质掉入化油器内。用抹布蘸汽油擦拭空气滤清器壳内和外部。

②检查滤芯污染程度并进行清洁。当滤芯积存干燥的灰尘时，可用压力不高于500 kPa的压缩空气，从滤芯内侧开始，上下均匀地沿斜脚方向吹净滤芯内外表面的灰尘。如果没有压缩空气，可用旋具柄轻轻敲打滤芯，再用毛刷刷净外部污垢。

注意：操作时，不得用大力敲打或碰撞滤芯。在清洁时，如果发现滤芯损坏，应更换滤芯。正常使用的纸质滤芯也应按规定时间更换。

2) 检查滤芯　将照明灯点亮放入滤芯里面从外部观察有无损伤、小孔或变薄的部分，检查橡胶垫圈有无损伤。如有异常，应更换滤芯和垫圈。

3) 更换空气滤清器的滤芯　根据车型的行程规定（一般为30 000 km）进行更换。更换滤芯时，应注意检查新滤芯有无损伤，垫圈是否有缺损，发现缺损，应配齐。

4) 安装空气滤清器　按其拆卸相反的顺序，将各部件安装好。注意：必须可靠地装好滤芯，不宜用手或器具接触滤芯的纸质部分，尤其不能让油类污染滤芯。

(4) 补充或更换冷却液

1) 检查

①检查储液罐的液面，若冷却液面在规定的标准处，则冷却液量合适。

②若低于最小线，则应补充冷却液。

③若冷却液变得污浊或充满水垢，应将冷却液全部放掉并清洗冷却系。

2) 补充冷却液　待发动机冷却后，用抹布裹着散热器盖将其打开，添加冷却液至规定位置。

3) 更换冷却液

①工作步骤

a. 首先将储液盖开启，旋开汽缸体和散热器放液开关，放出冷却液。

b. 待冷却液放尽后，旋紧汽缸体和散热器的放液开关。

c. 从散热器加液口加注冷却液，直至储液罐中的冷却液液面高度达到规定的位置。

d. 盖好散热器盖，使发动机运转到正常工作温度后，停机熄火冷却至室温，再观察冷却液液面高度，视情况添加冷却液，直到发动机怠速运转时，储液罐没有空气出现为宜。

e. 确认冷却液无泄漏。

②更换发动机冷却液注意事项

a. 更换冷却液时防止泄露。

b. 防止热的冷却液喷出伤人。

c. 要保证将原冷却液释放干净（散热器和缸体中都要放掉），并保证添加到标准量。

d. 不将泄漏的部分残留在车辆部件上。

# 第二节 发动机二级维护

---

**学习单元**

- 能够掌握发动机的基本组成结构。
- 能够进行发动机二级维护操作。

---

## 一、相关知识

**1. 曲柄连杆机构的构造与工作原理**

曲柄连杆机构由机体组、活塞连杆组、曲轴飞轮组3部分组成，如图1—43所示。

曲柄连杆机构的工作原理：在做功行程承受燃烧气体产生的膨胀压力，通过连杆使活塞的直线运动变为曲轴的旋转运动，向外输出动力。依靠曲轴和飞轮的旋转惯性，经连杆带动活塞上下运动，完成排气、进气、压缩等辅助行程，为下一做功行程做好准备。

（1）机体组

机体组主要由汽缸体、上曲轴箱、油底壳、汽缸盖、汽缸盖衬垫等组成。水冷式发动机的汽缸体通常与上曲轴箱铸成一体，风冷式发动机和有些大型柴油机则将汽缸与上曲轴箱分开铸造。

机体组是发动机各机构、系统的装配基础。汽缸体、汽缸盖内有进气道和排气道、润滑油道及冷却水套等，又是配气机构、润滑系、冷却系等的组成部分。

1) 汽缸体　汽缸体曲轴箱结构如图1—44所示。汽缸体上部圆柱形空腔为汽缸。它和

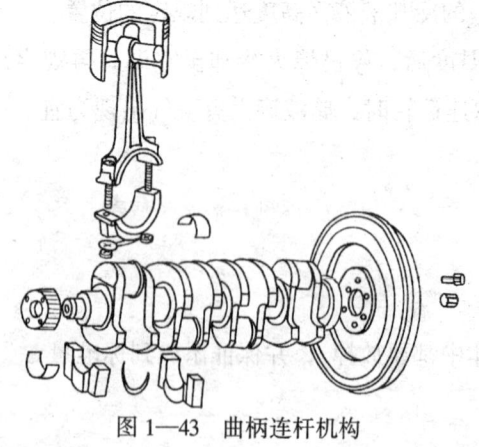

图1—43　曲柄连杆机构　　　　　图1—44　汽缸体曲轴箱结构
　　　　　　　　　　　　　　　　　1—汽缸套　2—挺杆室

汽缸盖、活塞一起组成燃烧室，并引导活塞作往复运动。

缸体内壁铸有储存和流通冷却水的空腔，称为水套，用以冷却高温工作的零件。为了延长缸体使用寿命、便于维修，缸体内镶入用优质耐磨材料制成的汽缸套。汽缸套有湿式汽缸套和干式汽缸套两种，其中缸套外壁直接与冷却水接触的为湿式汽缸套，多用于柴油发动机；不与冷却水直接接触的为干式汽缸套，常用于汽油发动机上。

汽缸体侧面设挺杆室，用以安装气门传动件。下部有主轴承座孔，用以安装曲轴飞轮组，缸体内加工有润滑油道、冷却水道及其他各种座孔，用以安装各附件或零件。

多缸发动机排列形式常采用单排直列、V形排列。前者由于结构简单，广泛用于六缸以下的发动机；后者由于可缩短长度，提高刚度，常用于八缸以上的发动机。某些大客车和轿车，为了降低发动机高度而采用平卧式，如图1—45所示。

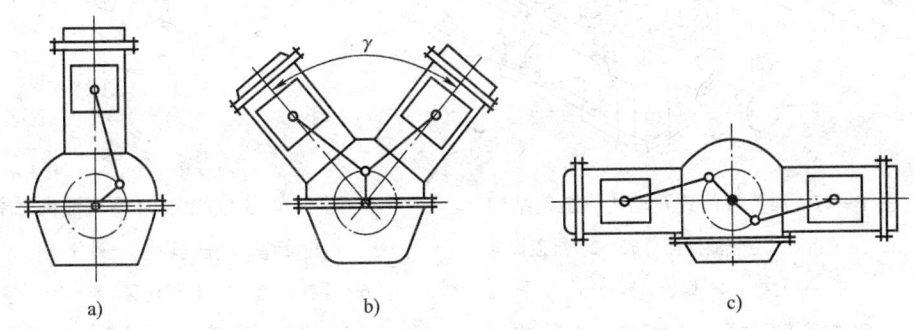

图1—45 发动机汽缸排列形式
a) 单排直列式 b) V形排列式 c) 平卧式

2) 油底壳 油底壳在曲轴的下半部，用以储存发动机润滑油，如图1—46所示。油底壳中部较深，目的是当发动机纵向倾斜时，润滑油泵能不间断地吸到润滑油。为了减少汽车行驶时润滑油的激烈振荡，内部焊有稳油挡板。底部放油孔用带磁性的螺塞堵封，目的是吸附润滑油中的铁屑，减少发动机磨损。

3) 汽缸盖 汽缸盖用来封闭汽缸并构成燃烧室。顶置气门式发动机汽缸盖结构如图1—47所示。

4) 汽缸盖衬垫 安装在汽缸体与汽缸盖之间，它的作用是密封汽缸，防止漏气、漏水和油、水互相窜通。

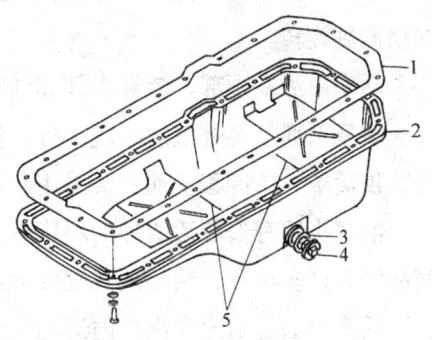

图1—46 油底壳
1—衬垫 2—油底壳外壳 3—放油螺塞垫圈
4—放油螺塞 5—稳油挡板

(2) 活塞连杆组

活塞连杆组由活塞、活塞环（气环、衬环）、活塞销、连杆组成。EQ6100—I型汽油机活塞连杆组如图1—48所示。

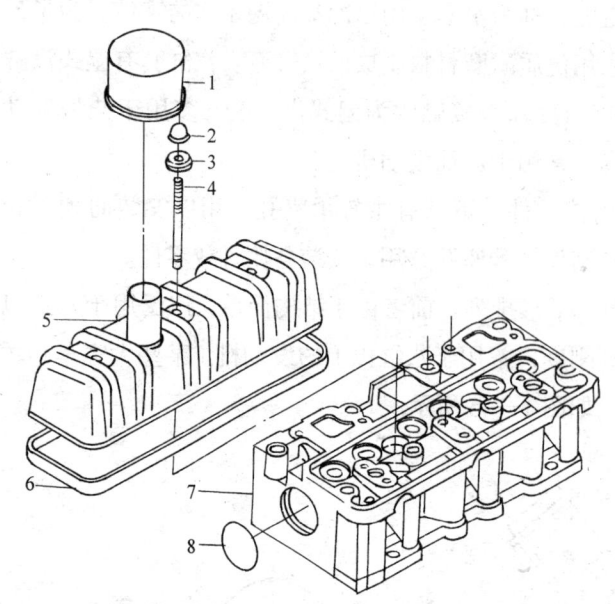
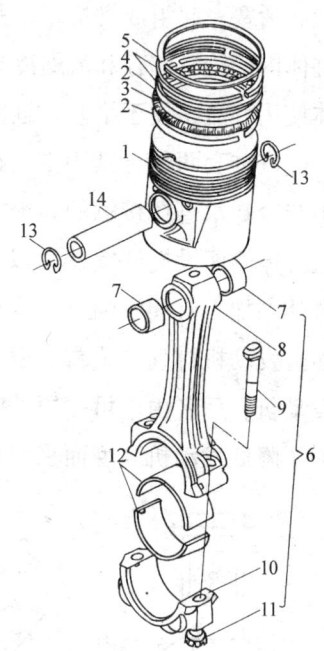

图1—47 顶置气门式发动机汽缸盖结构
1—曲轴箱通风空气滤清器总成 2—缸盖螺母
3—密封垫 4—螺栓 5—缸盖罩
6—缸盖罩密封条 7—汽缸盖 8—塞片

图1—48 EQ6100—I型汽油机活塞连杆组
1—活塞 2—油环 3—衬环 4、5—气环
6—连杆总成 7—连杆衬套 8—连杆 9—连杆螺栓
10—连杆盖 11—螺母 12—连杆轴瓦
13—活塞销锁环 14—活塞销

  1）活塞 活塞的主要功能是承受汽缸内气体膨胀压力，并通过活塞销、连杆传给曲轴，推动曲轴旋转。
  活塞由活塞顶部、活塞头部和活塞裙部组成，如图1—49所示。
  活塞顶部是燃烧室的组成部分。汽油机一般采用平顶活塞，柴油机为了改善燃烧条件多用凹顶活塞。二冲程发动机常采用凸顶活塞。
  活塞头部有安装活塞环的环槽。上面的环槽安装气环，下面的环槽安装油环，油环槽的底部钻有许多小孔，油环从汽缸壁上刮下的多余润滑油，经小孔流回油底壳。
  活塞裙部是活塞在汽缸内运动的导向部分。活塞销安装在座孔内，为防止活塞销轴向窜动，销座两头有安装锁环的锁环槽。
  2）活塞环 活塞环按作用分为气环和油环两种。
  气环的作用是密封活塞和汽缸壁的缝隙，防止气体漏入曲轴箱，同时还将活塞顶部的热量传给汽缸壁。气环的断面形式有多种，常用的是矩形断面。
  油环的作用是刮去汽缸壁上多余的润滑油，不让它窜入燃烧室，还可以使缸壁上的润滑油分布均匀。油环分为普通环和组合式环两种。

3) 活塞销　活塞销的作用是连接活塞与连杆，并传递两者之间的相互作用力。

活塞销为一空心轴，两端支承在活塞销座中，中部与连杆小头配合。为防止活塞销的轴向窜动，一般在销座两端的锁环槽内用卡簧限位。

4) 连杆　连杆的作用是连接活塞与曲轴，并传递两者之间的作用力。连杆由连杆小端、杆身和连杆大端等组成，如图 1—50 所示。

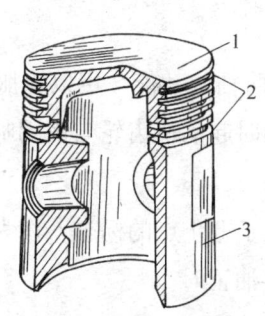

图 1—49　活塞结构

1—活塞顶部　2—活塞头部　3—活塞裙部

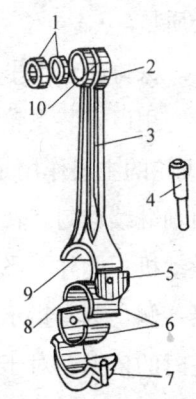

图 1—50　连杆的结构

1—连杆衬套　2—连杆小端　3—连杆杆身
4—连杆螺栓　5—连杆大端　6—连杆轴瓦
7—连杆瓦盖　8—轴瓦上凸键
9—凹槽　10—集油槽

连杆小端和活塞销连接，小端孔内压入青铜衬套，小端和衬套上开槽，可储存润滑油，润滑活塞销。

连杆大端与曲轴的连杆轴颈相连。连杆大端分成两部分，分开部分称为连杆轴承盖，用螺栓与连杆大端的上半部分连接。连杆大端内孔有两片半圆形的滑动轴承。通常在连杆盖与连杆大端结合面间有很薄的垫片，在连杆轴颈磨损达一定程度后，可除去垫片以调整轴承间隙。

(3) 曲轴飞轮组

曲轴飞轮组由曲轴、飞轮两部分组成。

1) 曲轴　曲轴的作用是将活塞连杆传来的推力变为旋转的扭力，通过飞轮传给汽车传动系，同时还驱动配气机构及润滑油泵、风扇、水泵、发电机、空气压缩机等附属装置。

曲轴由前端轴、连杆轴颈、主轴颈、曲柄、平衡重块和后端凸缘组成，如图 1—51 所示。

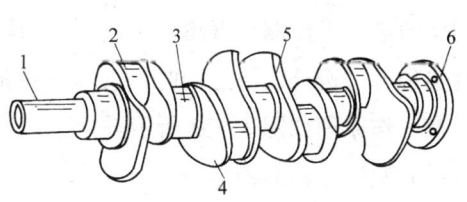

图 1—51　曲轴

1—前端轴　2—连杆轴颈　3—主轴颈
4—曲柄　5—平衡重块　6—后端凸缘

①前端轴　位于曲轴的最前端，装有起动爪、扭转减振器、曲轴带轮、正时齿轮。

②主轴颈　用来支承整个曲轴。在主轴颈和主轴承座孔之间装有曲轴轴承（俗称大瓦），以减轻磨损。

③连杆轴颈　连杆轴颈由其两端的曲柄和主轴颈相连，组成一个曲拐。

④曲柄　是连杆轴颈的连接部件，其形状多为椭圆形，当曲轴有不平衡时，常在曲柄上钻孔以除去多余质量。

⑤平衡重块　保持曲轴动平衡良好。

⑥后端凸缘　用以安装飞轮。

2) 飞轮　飞轮的主要作用是储存部分做功行程时输入曲轴的动能，用以克服辅助行程中的阻力，使曲轴继续均匀旋转；飞轮外缘装有齿圈，起动时起动机齿轮与齿圈啮合，利用飞轮惯性起动发动机；此外，飞轮还是离合器的主动盘。

在飞轮边缘一侧，刻有指示第 1 汽缸、第 6 汽缸活塞位于上止点的标志，作为调整和检查汽油机点火正时的依据。对于柴油机则用以调整和检查供油正时。

2. 配气机构

(1) 配气机构的功用

配气机构是控制发动机进气和排气的装置。它的功用是按照发动机各缸工作循环和各汽缸工作次序的要求，定时开启和关闭进、排气门。开启气门使汽缸及时进行进、排气，关闭气门使汽缸封闭，进行压缩和做功。

顶置气门式配气机构是应用最多的一种形式，顶置气门式配气机构如图 1—52 所示。其特点是进、排气门安装在汽缸盖上。用凸轮轴来驱动气门，控制进、排气过程。凸轮轴通常安装在上曲轴箱，少数高速汽车发动机的凸轮轴直接安装在汽缸盖上。

(2) 配气机构的工作原理

发动机工作时，曲轴正时齿轮带动凸轮轴正时齿轮，使凸轮轴转动。每一个凸轮推顶一个挺杆，通过推杆、调整螺钉使摇臂绕摇臂轴摆转，摇臂的另一端便向下推开气门，同时使气门弹簧进一步压缩，气道逐渐开启，凸轮的尖顶上升到最大位置时，气门开度最大。当凸轮的尖顶转过挺杆向下运动时，气门在弹簧张力的作用下逐渐关闭，进气或排气过程即告结束，其工作原理如图 1—53 所示。

(3) 配气机构的构造

配气机构按其功用不同可分为气门组和气门驱动机构两部分。

1) 气门组　气门组主要由气门、气门座、气门导管和气门弹簧组成，如图 1—54 所示。

①气门　气门由头部和杆部组成。

第一章 发动机维护

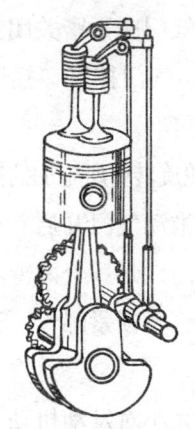

图 1—52 顶置气门式配气机构

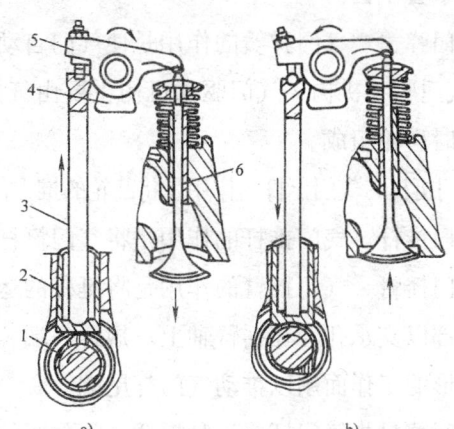

图 1—53 配气机构工作原理图
a）气门开启　b）气门关闭
1—凸轮轴　2—挺杆　3—推杆
4—摇臂轴支座　5—摇臂　6—气门

气门和气门座之间一般采用锥形接合面，并经研磨达到良好的贴合，以保证密封和导热。气门锥角一般为30°或45°，如图 1—55 所示。为了减少进气阻力，提高进气量，一般进气门头部的直径比排气门大。

气门杆是气门运动的导向部分，杆身尾部有凹槽或钻有一圆孔，用以安装锥形锁片或锁销，以固定气门弹簧座。

②气门座　气门座是进气道、排气道与气门锥面相接合的部位。

进气门座一般在缸盖上直接加工精研。排气门座工作温度高，易烧蚀，为延长其使用寿命及便于更换，常用耐热合金铸铁制成座圈，镶入汽缸盖中。

③气门导管　气门导管的主要作用是引导气门作上下直线运动。此外，它将气门杆部的

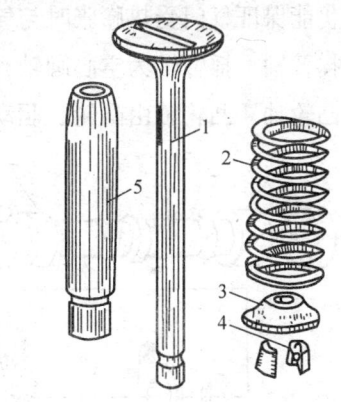

图 1—54 气门组的主要零件
1—气门　2—气门弹簧　3—气门弹簧座
4—锁片　5—气门导管

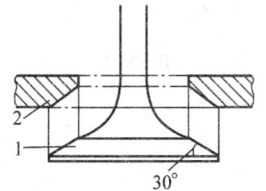

图 1—55 气门锥角
1—气门　2—气门座

热量传到水套中去。

④气门弹簧　气门弹簧的作用是使气门自动回位，保证气门和气门座紧密关闭。

2) 气门驱动机构　气门驱动机构主要由气门挺杆、气门推杆、气门摇臂、摇臂轴、凸轮轴和正时齿轮组成。

①气门挺杆　气门挺杆的作用是将凸轮的推力传给推杆，并承受凸轮旋转时所施加的侧向力。

②气门推杆　气门推杆的作用是将气门挺杆的推力传给摇臂，推动气门开启。

③气门摇臂　气门摇臂的作用是将挺杆的运动改变方向传给气门，是一个两臂不等长的杠杆。中部以支承孔套在摇臂轴上。短臂一端装有气门间隙调整螺钉及锁紧螺母。长臂的一端有圆弧形的工作面用以推动气门杆尾端。

气门间隙是指气门杆尾端与摇臂之间预留的间隙。气门间隙的大小对发动机动力性能和运转情况影响很大。间隙过小，气门关闭不严、漏气、功率下降、气门工作面烧蚀；间隙过大，气门传动件之间产生撞击，加速磨损。

为了解决气门间隙过大或过小的矛盾，在轿车上多采用液力挺杆，可以不预留气门间隙，但仍能保证气门受热膨胀时与气门座的良好结合。

④摇臂轴　摇臂轴为空心圆轴，通过支座安装在汽缸盖上。

⑤凸轮轴　凸轮轴由凸轮、驱动齿轮、偏心轮、轴颈等部分组成，如图1—56所示。

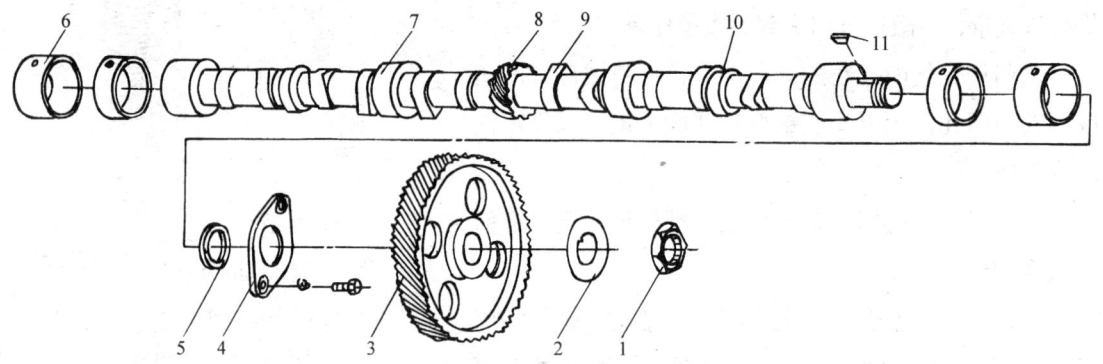

图1—56　凸轮轴

1—固定螺母　2—垫片　3—正时齿轮　4—止推板　5—调整环　6—衬套
7—轴颈　8—驱动齿轮　9—凸轮　10—偏心轮　11—半圆键

凸轮轴的作用是按规定的时刻启、闭气门，控制气门开度的变化规律，汽油机的凸轮轴还驱动润滑油泵、分电器和汽油泵等附件工作。

凸轮轴由曲轴通过正时齿轮或链轮链条驱动。

⑥正时齿轮　正时齿轮通过键固定在曲轴和凸轮轴的前端。大齿轮安装在凸轮轴上，称为凸轮轴正时齿轮；小齿轮安装在曲轴上，称为曲轴正时齿轮。凸轮轴正时齿轮的齿数是曲

轴正时齿轮的两倍，以保证曲轴每转两圈凸轮轴转一圈。

3．汽油机燃料供给系

（1）汽油机燃料供给系作用

汽油机燃料供给系的作用是根据发动机各种不同工况的要求，将洁净的汽油和空气配制成适当浓度的混合气，按一定数量供入汽缸，并在点火燃烧做功后将废气排入大气。

（2）汽油机燃料供给系组成

汽油机燃料供给系一般由油箱、油管、汽油滤清器、汽油泵、空气滤清器、化油器、进气歧管、排气歧管、消声器等装置组成，汽油机燃料供给系的组成如图1—57所示。

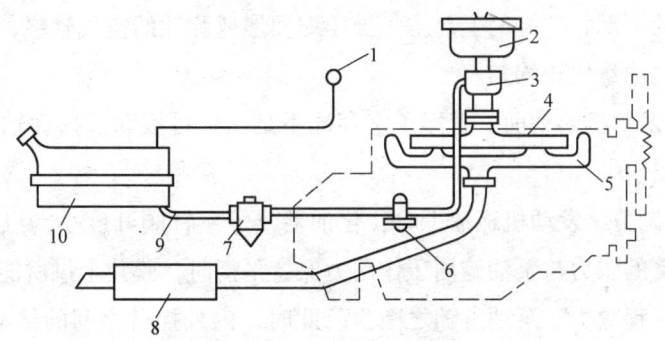

图1—57 汽油机燃料供给系的组成
1—汽油表 2—空气滤清器 3—化油器 4—进气歧管 5—排气歧管
6—汽油泵 7—汽油滤清器 8—消声器 9—油管 10—油箱

（3）汽油机燃料供给系工作原理

发动机工作时，汽油泵将汽油从油箱内吸出，经汽油滤清器滤去杂质和清除水分后，压送到化油器，同时，空气受汽缸吸力作用经空气滤清器滤去所含的尘粒后进入化油器，化油器将汽油雾化、蒸发并与空气形成可燃混合气，经进气歧管均匀分配到各汽缸，混合气在汽缸内燃烧做功后产生的废气，经排气歧管进入消声器，减轻噪声、熄灭火星后排入大气中去。

4．汽油泵

（1）汽油泵构造

汽油泵的作用是将油箱中的汽油以一稳定的压力输入到化油器浮子室内。目前汽车上广泛采用膜片式汽油泵。膜片式汽油泵如图1—58所示，主要由泵体、进油阀、出油阀、膜片总成和驱动

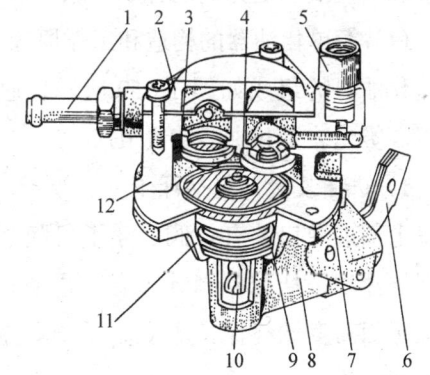

图1—58 膜片式汽油泵
1—进油管 2—盖 3—进油阀 4—出油阀
5—出油管接头 6—外摇臂 7—膜片 8—内摇臂
9—膜片弹簧 10—拉杆 11—下体 12—上体

机构等组成。

(2) 汽油泵工作过程

汽油泵的工作过程包括吸油、泵油、手动泵油和供油量自动调节等。

1) 吸油  发动机运转时，凸轮轴偏心轮的凸起推动外摇臂上摆，通过斜面推动内摇臂使膜片拉杆下移，弹簧被压缩。由于膜片下移，泵油腔容积增大形成低压，出油阀关闭，进油阀被吸开，汽油经进油管接头进入油腔。

2) 泵油  偏心轮转过后，摇臂被回位弹簧推回，膜片弹簧的张力使膜片上移，泵油腔油压升高，进油阀关闭，出油阀被顶开，汽油经出油管接头进入化油器。泵油时部分汽油被压入出油阀外空腔的下部。空腔的上部空气被压缩而形成弹性的空气软垫，可减小出油的脉动和剧烈振荡，使出油量比较均匀。

3) 手动泵油  发动机起动前，若浮子室存油不足，则可扳动手摇臂轴摆转，驱动膜片上下移动，将油泵出。

4) 供油量自动调节  发动机耗油少时，化油器浮子室针阀开度小，汽油泵出油管内压力升高，当膜片弹簧的张力与泵油腔油压作用力保持平衡时，膜片上拱所能达到的位置不再升高，膜片的实际行程减少，泵油量随之减少。此时，内外摇臂之间的接触斜面出现间隙，外摇臂仍随凸轮轴偏心轮摆动，而内摇臂摆转角度减小，膜片行程减少，从而使汽油泵的实际供油量能随汽油泵出油管压力的变化而自动调节。

5．化油器

化油器是汽油机混合气的配制装置。其作用是将汽油雾化，按发动机实际工作需要，把汽油和空气按一定比例混合成可燃混合气。

(1) 简单化油器的构造和工作原理

化油器的组成如图1—59所示，通常由进油装置、雾化装置和供油装置组成。

1) 进油装置  包括浮子室、浮子、针阀。浮子室上部进油口装有针阀，浮子可随油面的高低而上下浮动，从而控制针阀启闭进油孔，浮子室的油平面高度始终保持不变。浮子室盖上有与大气相通的小孔。

2) 雾化装置  包括进气道、喉管、混合腔、节气门等。喉管是两头粗中间细的空腔。喷管一端装有直径尺寸精确的量孔通向浮子室，另一端出口位于喉管的细腰部。节气门装在混合腔的下

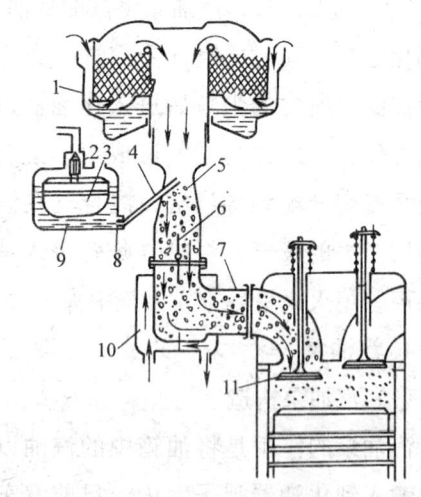

图1—59  化油器
1—空气滤清器  2—针阀  3—浮子  4—喷管
5—喉管  6—节气门  7—进气管  8—量孔
9—浮子室  10—进气预热管  11—进气门

部，转动节气门可控制进入汽缸混合气的流量。

3) 供油装置　包括喷管、量孔等。喷管出口比浮子室内油面略高 2~5 mm，发动机不运转时，汽油不会自动流出。当发动机运转时，进气行程的吸力将空气经滤清器吸入，气流流经喉管时，流速增高，其气流压力降低。浮子室内汽油在大气压力与喉管处气体压力差的作用下，克服喷管出口和油面高度差的影响，自喷口喷出，并在高速气流作用下被吹散雾化，与空气混合蒸发形成混合气。较大较重的油粒附在管壁形成油膜，在流动中继续蒸发和空气混合。

(2) 汽油机各种工况对可燃混合气的要求

汽油机的工作状况简称工况，用发动机转速和节气门开度大小来表示。根据汽车运行时的特点，可分为起动、怠速、中等负荷、全负荷和加速 5 种基本工况，各工况对混合气成分的要求各不相同。

混合气的成分（或浓度）是指混合气中汽油含量的多少。通常用空气和汽油质量的比值，简称空燃比（$R$）表示。理论上 1 kg 汽油完全燃烧需空气 14.7 kg，这种混合气的空燃比为 14.7，称为标准混合气。空燃比大于 14.7 的混合气，即实际吸入的空气量比理论上需要的多，称为稀混合气；空燃比小于 14.7 时，即实际吸入的空气量比理论上需要的少，称为浓混合气。$R = 6 \sim 13$ 时称为过浓混合气，$R = 17 \sim 20$ 时称为过稀混合气。

1) 起动　发动机冷起动时，由于温度低，曲轴起动转速低（50~100 r/min），汽油雾化不良，蒸发困难。要求供给极浓混合气（$R = 6 \sim 9$），以保证混合气中含有足够的汽油蒸气以顺利引燃混合气，使发动机起动。

2) 怠速　是指发动机以最低稳定转速空转时的工况。转速低（300~700 r/min）时，节气门接近全闭，吸入汽缸的混合气数量少，雾化蒸发不良，残余废气量相对较多，燃烧条件恶化，为保证怠速稳定运转，要供给很浓的混合气（$R = 9 \sim 12$）。

3) 中等负荷　发动机大部分时间处于中等负荷状态。此时节气门有足够开度，汽缸充气量增加，汽油雾化、蒸发和燃烧条件变好。应供应稍稀的混合气（$R = 14.7 \sim 16.5$），以获得足够的功率和最佳的经济性。

4) 全负荷　当汽车需要克服很大阻力时（如上坡或艰难道路上行驶），节气门接近或达到全开，要求供给多而浓的混合气（$R = 13 \sim 14$），以获得最大功率。

5) 加速　指负荷突然增大，节气门突然开大转速迅速提高的工况。由于空气流量增长比汽油增加快得多，大量空气来不及预热，蒸发变差，造成加速时混合气瞬时过稀，致使汽车不能加速，甚至出现熄火。因此，加速时应额外增加供油量，以瞬时加浓混合气。

(3) 现代化油器的结构型式与工作原理

现代化油器整体结构型式很多，但各工作装置的工作原理与简单的化油器基本相同。通常按混合腔数目分为单腔式、双腔式和四腔式；按喉管数目分为单喉管、二重喉管和三重喉管3种；按混合气的流动方向分为下吸式、上吸式和平吸式，其中下吸式应用最广。

现代化油器可分为进油装置、主供油装置、怠速装置、起动装置、加浓装置、加速装置、进气雾化装置7种工作装置，其工作原理分述如下：

1) 进油装置　以浮子升降来控制针阀启闭进油孔，保持浮子室内一定的油面高度。为调节油面和喷管出口的高度差，可通过增减针阀垫片或浮子高度调节螺钉加以调节。

2) 主供油装置　除怠速工况外，在各种工况供给的混合气逐渐由浓变稀，以提高发动机的经济性。目前广泛采用向主喷管渗入空气，降低主量孔处真空度的方法，使混合气变稀。主供油装置示意图如图1—60所示。

3) 怠速装置　在怠速和小负荷情况下供给较浓的混合气。由于此时节气门接近全闭，故主喷口吸不出汽油，而在节气门后方由于汽缸的吸力而形成很大的真空度，因此，怠速装置在混合腔下部另设喷油口，油道从主喷管怠速油量孔处引出。

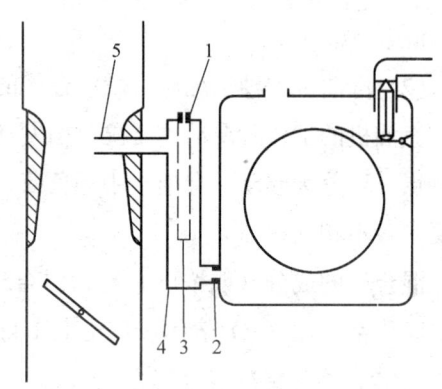

图1—60　主供油装置示意图

1—空气量孔　2—主量孔　3—泡沫管
4—主油井　5—主喷管

怠速装置示意图如图1—61所示。怠速时，汽油与怠速空气量孔及过渡喷口处渗入的空

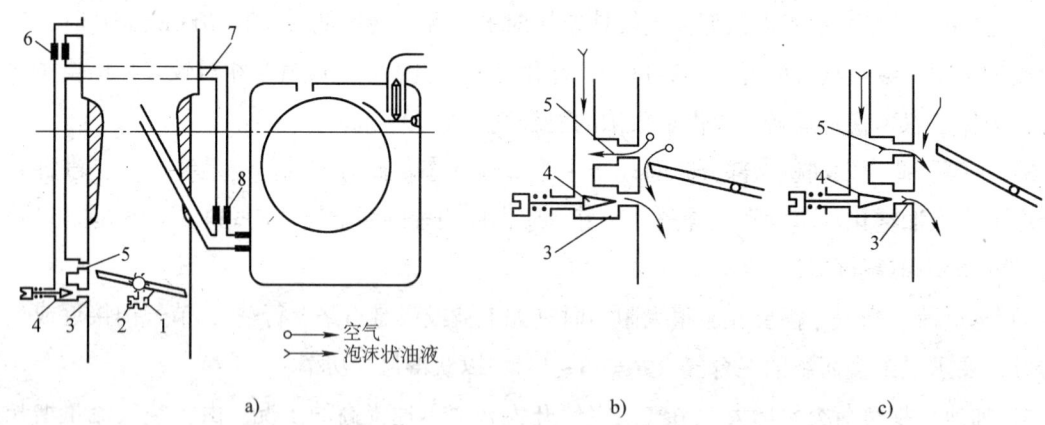

图1—61　怠速装置示意图

a) 结构简图　b) 怠速工作时　c) 小负荷工作时

1—化油器体上的支座　2—节气门开度调整螺钉　3—怠速喷口　4—怠速调整螺钉
5—过渡喷口　6—怠速空气量孔　7—怠速油道　8—怠速油量孔

气混合成泡沫状油液,从怠速喷口喷出(见图1—61b)。小负荷时,节气门开大,汽油从怠速喷口、过渡喷口同时喷出(见图1—61c),供油逐渐增大。

怠速的高低可通过节气门开度调节螺钉和怠速调整螺钉调节。

4)起动装置 起动装置示意图如图1—62所示。在发动机冷起动时,可以供给很浓的混合气。最常用的是在进气道上部装阻风门,阻风门上有带活门的通气孔。

5)加浓装置 在全负荷或接近全负荷时向主油道额外供给一部分汽油,加浓混合气,以发出最大功率。加浓装置示意图如图1—63所示,有机械式及真空式两种。

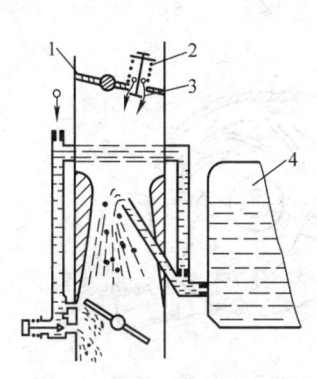

图1—62 起动装置示意图

1—阻风门 2—弹簧

3—活门 4—浮子室

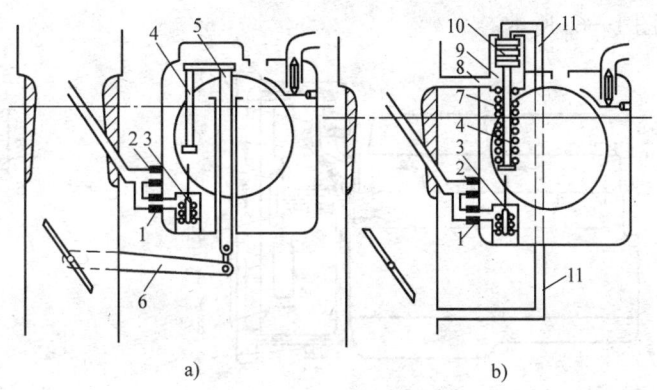

图1—63 加浓装置示意图

a)机械式加浓装置 b)真空式加浓装置

1—加浓油量孔 2—主量孔 3—加浓阀 4—推杆 5—拉杆 6—摇臂

7—弹簧 8—空气道 9—空气缸 10—活塞 11—真空气道

6)加速装置 在节气门突然大开时,直接向化油器进气道供应一定量的汽油,使混合气瞬时加浓,迅速提高发动机转速。常用的加速装置活塞式加速泵如图1—64所示。

7)进气雾化装置 化油器采用二重喉管或三重喉管。由大、小喉管组成的称为二重喉管化油器,由三个喉管组成的称为三重喉管化油器。小喉管有利于提高气流速度,使吸出汽油雾化良好;大喉管直径大,有利于减少进气阻力,提高进气量,并使汽油再次受冲击雾化。

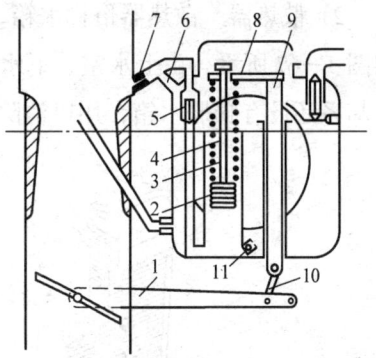

图1—64 活塞式加速泵示意图

1—摇臂 2—活塞 3—活塞杆 4—弹簧

5—出油阀 6—气道 7—加速量孔 8—连接板

9—拉杆 10—连接钩 11—进油单向阀

6. 冷却系

汽车用发动机大多采用水冷却系(见图1—65)进行冷却,水冷却系由百叶窗、散热器、风扇、水泵、水套、节温器、水温表等组成。

发动机工作时,水泵将散热器内冷却水吸出经分水管道进入缸体水套和缸盖水套,受热零件的热量先传给冷却水,再散入大气。

冷却水的循环有3种方式:当缸盖出水温度低于节温器开启温度时(一般为75℃),冷却水不经散热器由回水孔道直接返回水泵再进入水套,进行小循环;当水温高于节温器全开温度(一般为85℃),冷却水全部通入散热器再返回水泵,进行大循环;当水温介于两者之间时,节温器部分开启成为混合循环,冷却水既有小循环,也有大循环。

(1) 冷却系的主要机件

1) 水泵　水泵的作用是强制地使冷却水在发动机内循环,常采用的水泵为离心式水泵,如图1—66所示。

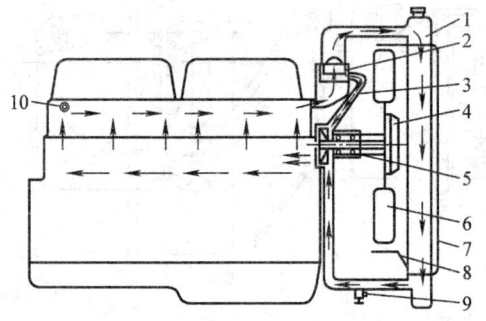 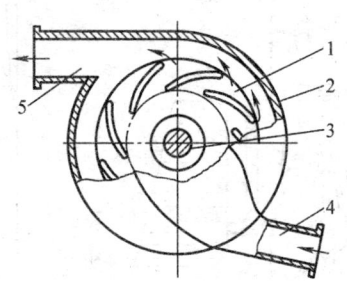

图1—65　水冷却系的组成　　　　　　图1—66　离心式水泵示意图

1—散热器　2—节温器　3—小循环回水管　　1—叶轮　2—壳体　3—水泵轴　4—进水管　5—出水管
4—风扇离合器　5—水泵　6—风扇　7—百叶窗
8—导风罩　9—放水开关　10—感温器

2) 散热器　散热器俗称水箱,其作用是将冷却水吸收的热量散入周围的空气。散热器如图1—67所示,由上水室、下水室、散热器芯、散热片、水箱盖、放水开关等组成。有的冷却系还设有膨胀水箱,用以消除冷却系中的高温蒸汽。

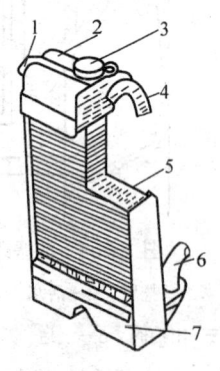 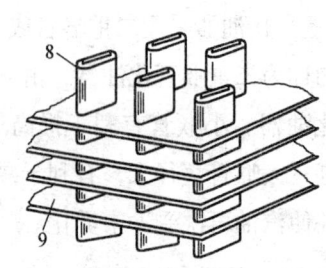

图1—67　散热器

1—蒸汽导出管　2—上水室　3—水箱盖　4—进水管　5—散热器芯
6—出水管　7—下水室　8—扁形芯管　9—散热片

3) 风扇 风扇安装于散热器后方,为了增强冷却效果,通常周围有导风罩。风扇有4片或6片叶片,由带轮驱动,旋转时气流由前向后通过散热器芯,增强散热强度。

4) 分水管及水套 水套是由汽缸体或汽缸盖的双层夹壁所组成的空腔,便于冷却水直接冷却受热最强的部位。为了使前后各汽缸冷却均匀,水套内插入分水管与水泵出水口相通,将冷却水直接导入各缸水套。

5) 节温器 是用水温自动控制的通道开关,用以调节进入散热器的水量,以调节冷却强度。EQ6100—I型发动机蜡式双阀节温器工作原理如图1—68所示。金属筒感温器3内充满石蜡,筒外两端固定主阀门5和旁通阀9,中心杆2一端套有橡胶管4插入石蜡内,另一端固定在上支架1上。水温低时弹簧张力使主阀门关闭,旁通阀仍打开,冷却水进行小循环。当水温升至76℃时,石蜡逐渐熔化,体积膨胀挤压橡胶管,因中心杆上端固定,胶管就推动感温器及阀门下移,散热器水道逐渐打开。当水温达86℃时,主阀门全部开启,旁通阀关闭,冷却水全部进行大循环。

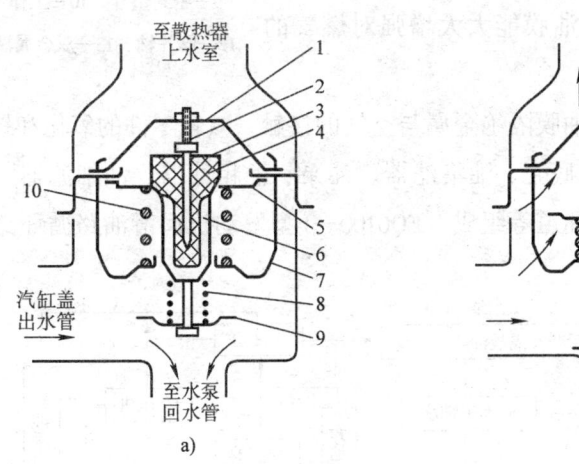

图1—68 EQ6100—I型发动机蜡式双阀节温器工作原理
a) 小循环 b) 大循环
1—上支架 2—中心杆 3—金属筒感温器 4—橡胶管 5—主阀门
6—石蜡 7—下支架 8—小弹簧 9—旁通阀 10—大弹簧

6) 风扇离合器 其作用和目的是防止发动机"过冷"和"过热"现象,缩短发动机起动时间,减少机件的磨损,用以自动控制风扇的工作。常用的硅油风扇离合器结构如图1—69所示。

硅油风扇离合器以黏性很大的硅油作为传递转矩的介质。

7. 润滑系

(1) 润滑系的作用与组成

1) 作用  润滑系的作用是以足够的压力不间断地向摩擦表面供给清洁的润滑油,减少发动机的功率损耗,减轻磨损,延长寿命。具体体现为以下几点:

①减摩作用  摩擦面之间的润滑油在零件表面形成油膜,使运动零件之间成为液体摩擦或半干摩擦,减少零件磨损和功率损耗。

②冷却作用  润滑油不断循环,带走摩擦表面的部分热量,保持零件适当的工作温度。

③清洁作用  润滑油循环流动带走摩擦剥落的金属细屑和其他杂质、清洁零件表面。

④密封作用  润滑油黏附于运动零件表面提高密封效果,如活塞环和汽缸壁间的油膜能大大增强对燃气的密封作用。

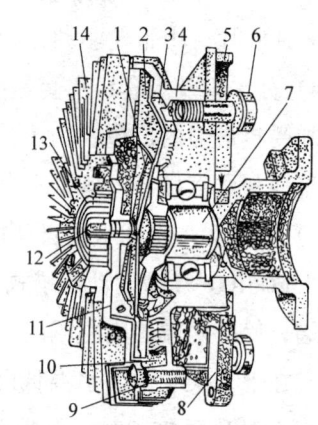

图 1—69  硅油风扇离合器结构

1—阀片  2—从动板  3—主动板  4—壳体
5—锁止块  6—螺栓  7—主动轴  8—风扇
9—密封垫片  10—工作腔  11—储油室
12—阀片轴  13—双金属感温器  14—前盖

⑤防锈作用  零件表面的油膜隔绝金属与空气的接触,减轻零件的氧化和锈蚀。

2) 组成  润滑系一般由油底壳、油集滤器、油泵、油粗滤器、油细滤器、限压阀、旁通阀、油压力表或油报警灯及油道等组成。EQ6100—I 型发动机润滑油路循环路线方框图如图 1—70 所示。

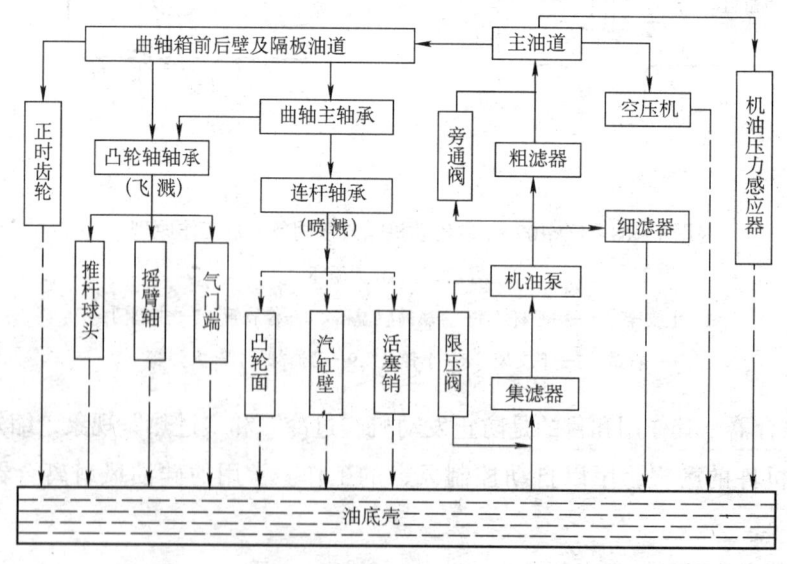

图 1—70  EQ6100—I 型发动机润滑油路循环路线方框图

(2) 润滑系的主要机件

1) 润滑油泵　润滑油泵的作用是以一定的压力将足够的润滑油送到摩擦表面，保证润滑油的不断循环。润滑油泵有齿轮泵和转子泵两种。齿轮泵工作原理示意图如图1—71所示。

2) 油滤清器　油滤清器的作用是滤清金属细屑和其他杂质，防止油道堵塞，减轻零件磨损。润滑系中通常设有3个滤清能力不同的滤清器：润滑油集滤器、润滑油粗滤器、润滑油细滤器。

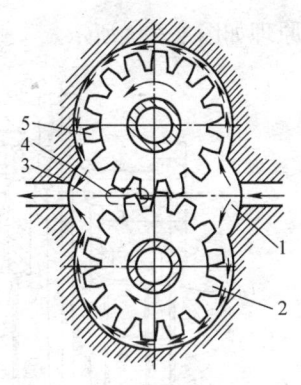

图1—71　齿轮泵工作原理示意图
1—进油腔　2—主动齿轮　3—出油腔
4—卸压槽　5—被动齿轮

①润滑油集滤器装于润滑油泵前，以防止较大杂质进入润滑油泵。目前应用最广的是带浮子的浮式集滤器，浮式集滤器的构造和工作原理如图1—72所示。

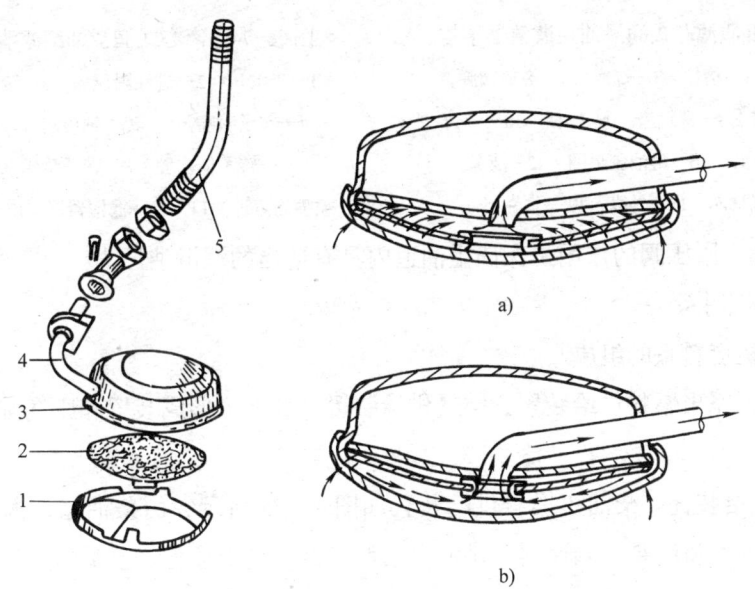

图1—72　浮式集滤器的构造和工作原理
a) 滤网畅通时　b) 滤网堵塞时
1—罩　2—滤网　3—浮子　4—吸油管　5—固定管

②润滑油粗滤清器串联于润滑油泵与汽缸体的主油道之间，用以滤去较大的杂质。油粗滤清器通常采用纸质滤芯式，纸质滤芯式油粗滤清器的结构如图1—73所示。

③润滑油细滤清器用以清除润滑油中的细微杂质，因其流动阻力较大，多用分流式，即

安装时与主油道并联。润滑油细滤清器分为离心式和过滤式两类。离心式润滑油细滤清器工作原理如图 1—74 所示。

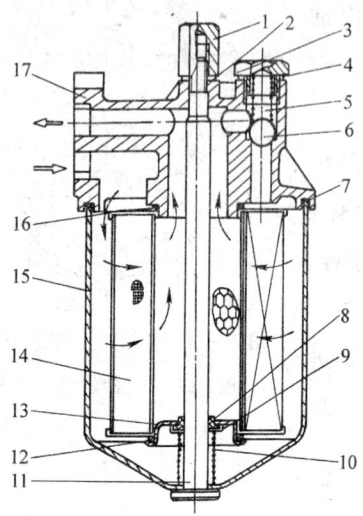 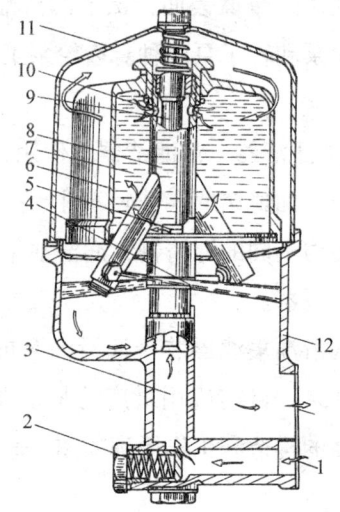

图 1—73　纸质滤芯式润滑油粗滤清器结构
1—螺母　2、4—垫片　3—螺塞　5—旁通阀弹簧
6—旁通阀　7、8—密封垫　9—托板　10—弹簧
11—螺杆　12、16—耐油胶垫圈　13—支架
14—纸滤芯　15—外壳　17—上盖

图 1—74　离心式润滑油细滤清器工作原理
1—进油口　2—进油限压阀　3—转子轴中心油道
4—转子喷嘴　5—转子轴出油口　6—转子体盖
7—转子体内腔　8—转子总成　9—转子轴
10—喷嘴油道进油口　11—滤清器罩　12—壳体　13—出油口

3) 限压阀　限压阀的作用是保证主油道内具有适当的润滑油压力。

8. 柴油机燃料系

(1) 柴油机燃料系的组成

柴油机燃料系由燃料供给装置、空气供给装置、混合气形成装置和废气排出装置 4 个部分组成。

1) 燃料供给装置　柴油机燃料供给装置如图 1—75 所示,由柴油箱、输油泵、低压油管、柴油滤清器、喷油泵、调速器、供油自动调节器、高压油管、喷油器、回油管等组成。

输油泵将柴油从油箱吸出送到柴油滤清器,滤去细微杂质后进入喷油泵,喷油泵以很高的压力将柴油输到喷油器,喷入燃烧室的柴油与压缩后的高温空气混合而自行着火燃烧。输油泵的供油量比喷油泵大得多,过量的柴油经回油管回到输油泵或油箱。

2) 空气供给装置　由空气滤清器、进气管、汽缸盖内进气道组成。

3) 混合气形成装置　即柴油机的燃烧室。

4) 废气排出装置　由排气管、汽缸盖内排气道及消声器等组成。

(2) 柴油机喷油压力

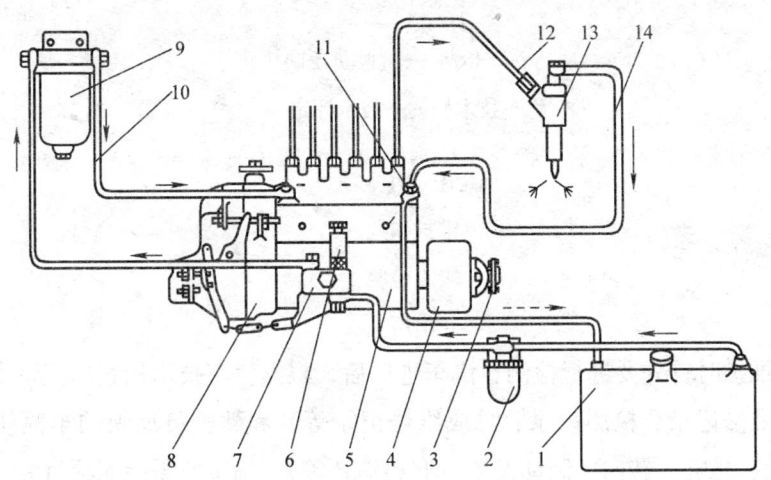

图 1—75 柴油机燃料供给装置

1—柴油箱 2—柴油粗滤清器 3—联轴节 4—供油自动调节器 5—喷油泵 6—手动油泵 7—输油泵 8—调速器
9—柴油细滤清器 10—低压油管 11—溢油阀 12—高压油管 13—喷油器 14—回油管

柴油机的喷油压力是指喷油器的开启压力。喷油器的开启压力是由喷油器上端的调压弹簧决定的。当喷油泵输出的高压油进入喷油器的高压油腔时,在针阀的承压锥面上形成一个向上的推力,当此推力克服了调压弹簧的预紧力和针阀偶件间的摩擦力后,针阀上移,密封锥面被打开,高压油便经喷油孔喷出。此时的压力即为喷油压力。

(3) 柴油机喷油状况

柴油机迅速形成混合气是由燃油的喷雾、燃油与空气的混合两个阶段形成的。它的形成方式主要有:

1) 空间雾化混合 将燃油喷向燃烧室空间,形成空间雾化油滴并从高温空气中吸热蒸发并扩散,与空气形成混合气。

2) 油膜蒸发混合 将大部分燃油喷到燃烧室壁面上,形成一层油膜,油膜受热蒸发汽化,在燃烧室强烈的涡流作用下,燃油蒸汽与空气形成均匀的可燃混合气。

(4) 喷油提前角

喷油提前角是指喷油泵开始压油到上止点为止的曲轴转角。

9. 发动机二级维护工艺过程

汽车二级维护工艺过程为:

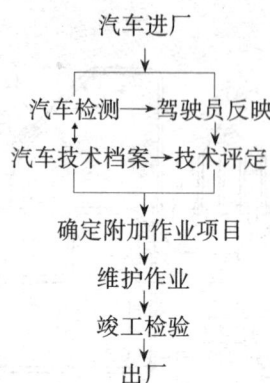

汽车二级维护时首先要进行检测，汽车进厂后，根据汽车技术档案的记录资料（包括车辆运行记录、维修记录、检测记录、总成维修记录等）和驾驶员反映的车辆使用技术状况（汽车的动力性、异响、转向、制动及燃、润料消耗等），确定所需检测项目。

依据检测结果及车辆实际技术状况进行故障诊断，从而确定附加作业项目，附加作业项目确定后与基本作业项目一并进行二级维护作业。

二级维护过程中要进行过程检验，过程检验项目的技术要求应满足有关技术要求或规范。

二级维护作业完成后，应经维修企业进行竣工检验，竣工检验合格的车辆，由维修企业填写《汽车维护竣工出厂合格证》后方可出厂。

10．发动机二级维护作业内容

（1）拆检清洗润滑油粗滤清器，更换滤芯。

（2）拆检润滑油细滤清器。

（3）拆检清洗润滑油盘、集滤器，检查曲轴轴承松紧度，校紧曲轴轴承螺栓、螺母。

（4）热车放出脏润滑油后，加入清洗剂，清洗发动机润滑油道。

（5）检查清洗汽油滤清器。

（6）检查汽油泵及管路。

（7）清洗火花塞积炭，校正电极间隙，检查有无漏油现象。

（8）清洁、检查、调整分电器。

（9）检查调整气门间隙。

（10）检查紧固进、排气歧管。

（11）清洁发动机空气滤清器和曲轴箱通风空气滤清器。

（12）清洁曲轴箱通风单向阀及管路。

（13）拧紧水泵螺栓、螺母，调整风扇 V 带松紧度。

（14）按规定次序和扭矩拧紧缸盖螺栓。

（15）拆洗化油器进口滤网，清洁化油器外壳，检查联动机构，紧固连接螺栓。

(16) 检查发动机支架的连接及损坏情况。

(17) 检查、紧固、调整散热器。

(18) 检查、紧固汽油箱及油管。

(19) 检查、紧固排气歧管及消声器。

(20) 检测发动机燃烧效果,进行调整。

11. 发动机二级维护作业技术要求

(1) 发动机拆装作业技术要求

1) 汽缸盖螺栓齐全完好,其拧紧扭矩符合车型技术要求。如:解放 CA1092 型汽车为 98～118 N·m。

2) 润滑油粗、细滤清器密封圈应完好有效,油道(喷孔)畅通,性能良好。

3) 气门间隙符合车型技术要求。如:东风 EQ1091 型汽车为 0.25～0.30 mm,解放 CA1092 型汽车为 0.20～0.25 mm。

4) 清除火花塞积炭,矫正电极间隙。如:东风 EQ1091 型汽车电极间隙为 0.65～0.90 mm,解放 CA1092 型汽车电极间隙为 0.60～0.70 mm。

5) 分电器触点间隙为 0.35～0.45 mm;各线路接头牢靠,无漏电;各连接轴无松旷和轴向窜动。

6) 汽油泵管路畅通,接头不漏油;化油器各连接螺栓紧固;衬垫完好,无漏油,不漏气。

7) 拧紧曲轴主轴承和连杆轴承螺栓。东风 EQ1091 型汽车拧紧扭矩分别为 167～186 N·m 和 98～118 N·m;解放 CA1092 型汽车主轴承(前、中间)拧紧扭矩为 138～157 N·m,中、后为 98～118 N·m,连杆轴承螺栓拧紧扭矩为 113～123 N·m。

8) 油底壳衬垫完好有效,曲轴箱油面高度符合要求。

9) 发动机支架无断裂,发动机支承垫齐全完好,螺栓、螺母紧固。

(2) 曲轴轴承间隙二级维护的技术要求

1) 主轴承、连杆轴承间隙值应符合规定值。常见国产汽车发动机曲轴径向、轴向间隙见表 1—1。

表 1—1　　　　常见国产汽车发动机曲轴径向、轴向间隙　　　　　　　　　　mm

| 车　型 | 主　轴　承 | | 曲轴轴向间隙 | |
|---|---|---|---|---|
| | 标准值 | 使用极限 | 标准值 | 使用极限 |
| 东风 EQ1091 | 0.04～0.11 | ≤0.20 | 0.06～0.207 | ≤0.35 |
| 解放 CA1092 | 0.04～0.109 | | 0.15～0.35 | |
| 桑塔纳 | 新轴:0.03～0.08 | 极限:0.17 | 新轴:0.07～0.17 | 极限:0.25 |
| 捷达 | 新轴:0.03～0.08 | 极限:0.17 | 新轴:0.07～0.17 | 极限:0.25 |

2）主轴承和连杆轴承螺栓拧紧力矩应符合规定。常见国产汽车主轴承和连杆轴承螺栓拧紧力矩见表1—2。

表1—2　　　　　常见国产汽车主轴承、连杆轴承螺栓拧紧力矩　　　　　N·m

| 车型 | 主轴承螺栓 | 连杆轴承螺栓 |
|---|---|---|
| 东风 EQ1091 | 167～186 | 98～118 |
| 解放 CA1092 | 138～157（前、中间）<br>98～118（中、后） | 115～125 |
| 桑塔纳（JV型） | 30 加 1/2 圈 | 65 |
| 奥迪 | 30 加 1/4 圈 | 65 |
| 捷达 | 30 加 1/4 圈 | 65 |

(3) 曲轴轴向间隙二级维护的技术要求

曲轴轴向间隙汽油机不得大于 0.35 mm，柴油机不得大于 0.40 mm，否则，应更换止推垫片。

(4) 化油器二级维护的技术要求

1）化油器应内、外清洁，无积垢，滤网、各量孔畅通，作用良好。

2）节气门、阻风门开闭完全，联动件运动灵活、不松旷，垫圈、锁销齐全有效。

3）各连接螺栓紧固，衬垫良好，不漏油，不漏气。

4）化油器油面高度应符合标准，怠速符合要求。

(5) 气门间隙二级维护的技术要求

气门间隙应符合技术要求。常用国产汽车发动机的气门间隙见表1—3。

表1—3　　　　　常用国产汽车发动机的气门间隙　　　　　mm

| 车　型 | 气门间隙 | |
| --- | --- | --- |
| | 进气门 | 排气门 |
| 东风 EQ1091 | 0.20～0.30 | 0.20～0.30 |
| 解放 CA1092 | 0.20～0.25 | 0.20～0.25 |

(6) 汽油泵二级维护的技术要求

装复后发动试验，汽油泵应工作正常，无漏油现象。

(7) 柴油机喷油器二级维护的技术要求

1）喷油器雾化良好，无滴油、漏油现象。喷油压力符合规定，同一台柴油机的喷油压力差不超过 1.0 MPa。

2）供油提前角符合规定。

(8) 冷却系二级维护的技术要求

1) 散热器软管无变形、破损及渗漏；水箱盖接合表面良好，胶垫不老化，水箱盖压力阀开启压力符合要求。

2) 水泵不漏水，无异响；节温器工作性能符合规定。

3) V带应无裂痕和过量磨损，表面无油污，松紧度符合规定。

(9) 润滑系二级维护的技术要求

1) 润滑油的规格、性能指标和油面高度应符合规定。

2) 润滑油滤清器密封良好，无堵塞。

3) 曲轴箱通风装置清洁畅通，连接可靠，不漏气，各阀门无堵塞、卡滞现象，灵敏度符合规定。

12. 发动机紧固作业注意事项

(1) 紧固汽缸盖螺栓时要求自中间向两端交叉均匀拧紧到规定的拧紧力矩。

(2) 进、排气歧管及消声器的紧固，应由中间向两端对称拧紧固定螺栓。同时检查衬垫有无损坏、烧蚀的痕迹。如发现损坏，应予以更换。

13. 发动机清洁作业注意事项

(1) 各个部分补给的润滑油或工作液应适量。加注后，一定要检查油面是否合适。

(2) 检查油量时应同时检查油质的好坏，如已失效或变质，应更换新油。

(3) 补充或更换润滑油时，应注意润滑油的牌号和种类。

(4) 补充冷却液时，一定要等待发动机冷却后再打开加水盖，以防烫伤或引起缸体、缸盖变形。

## 二、操作技能

1. 操作内容

(1) 清洁、更换燃油滤清器。

(2) 检查燃油系工作状况。

(3) 检查冷却系密封状况。

(4) 检视V带外观，调整V带松紧度。

(5) 检查、紧固或更换进、排气歧管及消声器。

(6) 拆装汽缸盖。

(7) 检查、清洁化油器及联动机构。

(8) 检测柴油机喷油器。

2. 操作准备

(1) 汽车1台。

(2) 汽车维修工具及设备。

3. 操作步骤

(1) 清洁、更换燃油滤清器

燃油滤清器的滤芯有纸质、尼龙布、聚合粉末塑料和陶瓷等多种。二级维护时，应更换滤芯。

1) 清洗尼龙布和聚合粉末塑料滤芯时，将其放在清洁汽油中，用软毛刷轻轻洗刷。如表面损坏，特别是底孔有破损时，应予更换。

2) 清洗陶瓷滤芯时，在一般情况下，先将滤芯放入沸水中煮 10 min，用压缩空气吹净，再用煤油或汽油清洗，最后用压缩空气吹干。

3) 堵塞严重时，可将滤芯放在火中烧半小时，在室温下冷却，再放入稀硫酸或盐酸中浸洗，然后用水冲洗干净，最后用压缩空气吹干。

(2) 检查燃油系工作状况

1) 清除燃油系滤网中的沉淀物

①松开汽油泵、化油器的进油接头，取出滤网，倒出滤网中的污物。

②在汽油中清洗并吹净滤网后，装回原处，拧紧油管。

③起动发动机，观察汽油泵有无渗漏现象，如有渗漏现象应检修汽油泵。

2) 清洗或更换燃油滤清器

①清洗。从车上拆下燃油滤清器总成，清洗时要按汽油流动方向逆向进行。

②通常情况下，燃油滤清器应每 15 000 km 更换一次。更换滤清器时应注意安装位置，滤清器上的箭头表示燃油流动的方向。此外，在更换滤清器的同时要更换两端的夹箍。

3) 检查燃油油泵

①用手指堵住进油口，推动摇臂，手指应感到进油口有吸力，再将进、出油口接上油管。

②将进油管口浸入汽油盆内，并使出油管口对准水平方向，摆动摇臂，检查出油管口喷油距离，该距离能达到 50~70 mm 属正常。

③确定有故障时，应解体检查泵膜、进出油阀和泵体密封性，检查摇臂弹簧、泵膜弹簧的工作情况，检查摇臂磨损情况。

4) 化油器检查

①取下空气滤清器，拆洗化油器进油口滤网。

②用抹布蘸化油器清洗剂，将化油器外表擦拭干净。

③起动发动机，使发动机转速保持在中等速度。用化油器清洗剂向化油器腔室内喷洗，将化油器腔室、暖管等处的油污清洗干净。

④检查联动机构，紧固连接螺栓。

在清洗过程中注意控制发动机转速，清洗剂的喷出量应适当控制，使用清洗的物质能随混合气燃烧后排出发动机。

(3) 检查冷却系状况

1) 检查冷却系工作情况

①起动并预热发动机，使其转速保持一定，由散热器放水管通入压力为 22 kPa 的压缩空气。

②观察气压表。若气压表指针抖动，则表明冷却系工作正常；若气压表指针不抖动，则表明节温器阻塞；若气压表指示压力上升至 50 kPa，则表明散热器阻塞。发动机停止转动后，若气压表指示压力不立即下降，则表明散热器水管堵塞。

③查看有无漏水情况。

2) 检查散热器箱盖压力阀　发动机不工作时，将 50 kPa 的压缩空气从散热器放水管处引入，若气压在 5 min 内不降低，则表明散热器箱盖压力阀密封正常，否则应更换。

3) 检查水泵

①分解与清洁水泵

a. 松开水泵与散热器以及小循环之间的连接软管。

b. 拆下水泵的紧固螺栓，取下水泵。

c. 拧掉风扇固定螺栓，取下风扇。

d. 拆掉风扇带轮。

e. 拆掉带轮毂（若是过盈配合应用拉器拉下）。

f. 拆下泵盖取出泵轴轴承卡环，压出泵油，并根据需要分解泵轴和叶轮。取出水封总成。水泵分解后，应用洗油将零件清洗干净，并用压缩空气吹干。

②检查水泵

a. 胶木水封密封圈如被磨成凹陷，一般应予更换。

b. 橡胶水封老化、变形和破裂，应予更换。

c. 轴承松旷，间隙超过规定值，应予更换。

d. 水泵轴磨损可采用镀铬修复。

e. 水泵壳体若有破裂损伤，应予更换。

③水泵的修复　装配水泵应按分解时的相反顺序进行。

④装复后的检查　用手扳动带轮，泵轴应无阻滞现象，叶轮与泵壳无碰击声，试验时要用布堵住水泵的进水口。将水加入工作腔内，转动水泵轴，如果水泵检视孔不漏即为合格。

4) 清除积垢

①先放净冷却系内的冷却液，并拆除节温器，将 NaOH 溶液加入冷却系中，对于铸铁机体保留 10~12 h；对于铝质机体，保留 2~3 天。

②起动发动机，怠速工作 15~20 min，然后打开放水开关，在发动机工作状况下释放 NaOH 溶液。

③溶液放出后，用清水冲洗冷却系，直至放出液干净为止。

5) 检查节温器　将节温器从发动机上拆下，放置在热水内检查节温器开启时的水温。良好的节温器在水温为 68~72℃时，阀门开始开启；80~85℃时阀门完全开启，阀门升起高度应不小于 9 mm，关闭时水温应不低于 65℃，否则应更换节温器。

6) 检查与调整风扇带轮　方法同一级维护。

(4) 检视 V 带外观，调整 V 带张紧度

1) 检查 V 带状况与张紧度

①检查 V 带有无损伤、剥落。V 带在断裂之前会出现滑磨声，且表面会出现龟裂的裂纹、磨损以及剥落等前兆现象。因此，应仔细观察，如出现上述现象应及时更换。

②检查 V 带张紧度。用拇指以一定的力（98~147 N）按压 V 带中间部位，挠度应为 10~15 mm。如果不符合要求，则应进行调整。

2) 调整 V 带张紧度

①如图 1—76 所示，调整 V 带张紧度时，用调整螺栓将整个交流发动机向里或向外移位，以调整 V 带的张紧度。

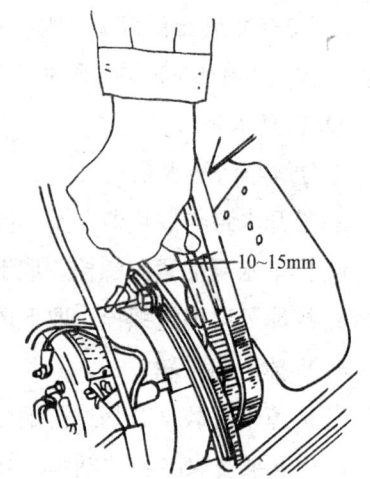

图 1—76　V 带张紧度的调整

②调整后，应拧紧固定螺栓。

(5) 检查、紧固或更换进、排气歧管及消声器

1) 进气歧管、排气歧管和消声器各部完好，无裂纹，无漏气，消声器性能良好。

2) 胶垫齐全，排气歧管固定可靠。

3) 进气歧管、排气歧管螺母拧紧力矩为 24 N·m。

(6) 拆装汽缸盖

1) 拆下气门室盖和衬垫，拆下气门摇臂总成，取出气门推杆。

2) 按照从两端向中间呈对称顺序分 3 次逐步松开并拆下缸盖螺栓，取下汽缸盖和缸垫。

3) 清除汽缸体、汽缸盖接合面的黏着物，将新汽缸垫光滑的一面或翻边较宽的一面朝向汽缸体放置。若是铸铁汽缸体、铝缸盖时，则汽缸垫安放方向相反。

4) 装汽缸盖时，先用定位螺栓将汽缸盖定位，待其他缸盖螺栓用手拧紧后再把定位螺栓拆去，装上缸盖螺栓。

5) 用扭力扳手按与拆卸时相反的顺序分 2~3 次逐渐拧紧到标准扭矩。

6) 按原位装复气门推杆、气门摇臂总成。检查调整气门间隙后，装复衬垫和气门室盖。

(7) 检查、清洁化油器

1) 分解与清洗化油器

①分解化油器应从外至里，先整体拆下化油器，然后拆开上体、中体、下体，拆下进油针阀及各量孔真空、省油器和机械省油器等零件。

②分解后，应将所有零件浸泡在汽油或酒精中数小时，再用毛刷刷洗，彻底清除内壁、量孔、喷管（口）和油道中沉淀的污垢和胶质。洗刷干净后用压缩空气吹通喷管与量孔，防止损坏各孔道原有孔径，影响发动机性能。

2) 检查化油器

①在上体和中体上平面不装衬垫时检查其缝隙，其缝隙均应不超过 0.2 mm。

②将节气门、阻风门完全关闭，其边缘和内壁应严密。若存在缝隙，则缝隙应不超过 0.1 mm。

③检查浮子。用手摇动浮子，若能听见内部有声响，则浮子破裂；把浮子放在 80~90℃ 的热水中检查，若有气泡冒出，则浮子破损。浮子出现破漏，应予更换。

④检查进油针阀、真空省油器和机械省油器的密封性能。

⑤加速泵皮碗应无硬化，胀圈无损坏，否则应更换。其进、出油阀门应灵活而无卡滞。

⑥检查各部衬垫应完好无损，否则应更换或补齐。

(8) 检测柴油机喷油器

1) 拆下喷油器总成，用棉布堵塞喷油器座孔。

2) 分解与清洁喷油器

①首先松开调压螺母，旋出调压螺钉，再将喷油器倒夹在台钳中，松开喷油器锁紧螺母。

②将零件放在清洁的柴油或煤油中清洗。

③将喷油嘴偶件在柴油中来回拉动针阀清洗，直至针阀能自由滑动为止。

3) 装复喷油器　装复时按照拆卸的相反顺序进行。

①在整个装配过程中，必须保证零件清洁，特别是喷油嘴偶件本身、喷油器体端面等密封处。喷油器螺母和喷油嘴接触的肩胛面要求光洁平整，不许留有积炭或毛刺。

②装配时，先旋进预先配有滤油芯子的进油管接头，压紧铜垫圈达到密封不漏油。再将调压弹簧、顶杆放进喷油器体中，旋入调压螺钉，直到刚接触调压弹簧为止，然后旋上调节螺母。

③将喷油器倒夹在台钳上，装上喷油嘴偶件，拧紧螺母，拧紧力矩为 59~78 N·m。力矩过大会引起针阀体的变形，影响针阀的滑动性；力矩过小又会造成漏油。

4) 喷油器的检查与调整

①首先拆下锁紧螺母，旋松调整螺钉，然后将喷油器装到专用的试验器上进行检查与调整，如图 1—77 所示。

②喷油压力的调整　压动油泵手柄，排除留在油管和喷油器内的空气，以 60 次/min 的速度压动油泵手柄，同时观察喷油过程中压力表上的读数。如果压力不符合规定，可调整压力调节螺钉。调整后，拧紧锁紧螺母。

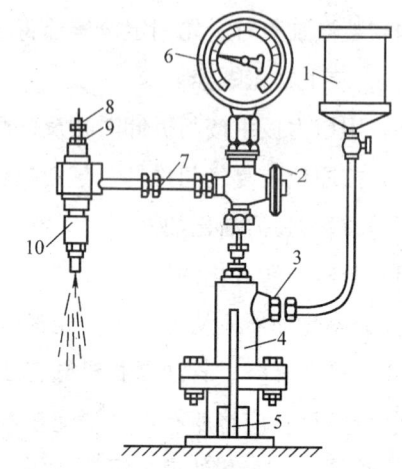

图 1—77　喷油器试验器
1—油箱　2—开关　3—放气螺钉　4—高压油泵
5—油泵手柄　6—压力表　7—高压油管
8—调节螺钉　9—锁紧螺母　10—喷油器

③喷雾质量的检查　检查时以 120 次/min 的速度压动油泵手柄，观察喷油器喷出的油雾束。油雾束细小均匀，无油滴飞溅现象属正常。对多孔喷油器，各孔应各自形成一个雾化良好的均匀油雾束；轴针式喷油器应喷出雾化良好的伞形油雾束。

# 第三节　发动机的小修作业

**学习目标**

- 能够检查与调整化油器。
- 能够检查与调整气门间隙。
- 能够检查与调整曲轴轴向间隙。

## 一、相关知识

### 1. 汽车小修作业

汽车小修是一种维护性修理，这类修理工作不易事先计划，但又必须及时进行。汽车小修是对汽车的个别零件或总成在工作中临时出现故障所必须进行的修理工作，有的属于对机构的必要调整,有的属于对故障零件的更换。

2. 发动机总成拆装要领

(1) 拆下蓄电池的负极线及所有电线接头,并依次做好记号。

(2) 把散热器及水套内的冷却水放掉,同时放掉油底壳内的润滑油,并关闭油箱开关,拆下油管接头。

(3) 拆下发动机罩前围、散热器及相关的附属装置。

(4) 拆下空气滤清器、化油器。

(5) 拆下各种拉线、离合器拉杆、传动轴、变速器及排气歧管等。

(6) 拆下发动机撑杆及前、后支撑架螺栓。

(7) 用吊具将发动机平稳吊出。

(8) 装复时按拆卸的相反步骤进行。

注意:从汽车上拆卸发动机时,一般在冷车状态下进行。

二、操作技能

1. 操作内容

(1) 更换水泵。

(2) 检查与更换节温器。

(3) 检查与调整化油器浮子室油面高度。

(4) 检修汽油泵。

(5) 检查与调整发动机怠速。

(6) 更换气门油封。

(7) 更换曲轴前后油封。

(8) 检查曲轴轴向间隙。

(9) 调整气门间隙。

2. 操作准备

(1) 汽车发动机 1 台。

(2) 汽车维修工具及设备。

3. 操作步骤

(1) 更换水泵

1) 拆卸

①释放散热器内的冷却水,拆下散热器罩总成、散热器进水管与出水管、散热器总成及其附件,拆下风扇叶片。

②拆下水泵总成。水泵总成如图1—78所示。

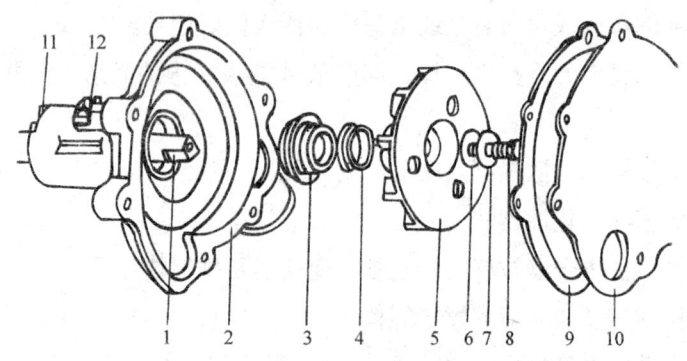

图1—78 水泵总成

1—水泵轴 2—水泵壳 3—静环总成 4—动环总成 5—叶轮 6—叶轮密封垫
7—垫圈 8—紧固螺栓 9—衬垫 10—水泵盖 11—卡环 12—滑脂嘴

2）更换水封

①将水泵风扇轮毂装在台钳上夹紧。如图1—78所示，拆下水泵盖10，拧下叶轮紧固螺栓8，拆下叶轮5后，取出水封总成（静环总成3，动环总成4）。

②将更换的水封按图1—78所示拆除顺序的相反顺序装复，装复时水封环要放正。放好水封总成后，将水泵叶轮方孔对准水泵轴扁方装入，装入叶轮密封垫6、垫圈7，拧紧叶轮紧固螺栓8，放好衬垫9，装上水泵盖，拧紧固定螺栓。

3）漏水试验 堵住水泵进出水口，将水注满叶轮腔，转动泵轴，检查各处有无漏水现象。

4）装复 确认无异常现象后，按与拆卸顺序相反的顺序进行装复。

(2) 检查节温器

①将节温器从发动机上拆下，清除节温器上的水垢。

②将消除水垢后的节温器放入盛有水的器皿中，再逐渐加热器皿，检查阀门开始开启和完全开启的温度，以及全开时阀门的升起高度。工作状况良好的节温器在水温为68~72℃时，阀门开始开启；在水温达80~85℃时阀门完全开启，阀门升起高度不小于9 mm；阀门关闭时，水温应不低于65℃。若检查不符合上述规定，则应更换节温器。

(3) 检查与调整化油器浮子油面高度

1）调整浮子室油平面时，应将汽车停放在平坦道路上，使发动机在稳定急速运转时进行。

2）EQH101、EQH102及CAH101等型号的化油器，从浮子室油面观察窗检查油面，油面应与油面观察窗中央的标志平齐或略低，否则应进行调整。

3) EQH101、EQH102 型化油器，在松开锁紧螺母后，拧动化油器上体的油面调整螺钉，旋入调整螺钉使油面升高，旋出调整螺钉使油面下降。调整化油器油面高度，如图 1—97 所示。

注意：在旋入、旋出调整螺钉的瞬间，因浮子的上、下油面会有暂时的波动，因此每旋动螺钉一次，应等候片刻，待油面稳定后，再继续调整。

4) CAH101 型化油器油面调整方法与 EQH101 型化油器相同，只是调整方向相反，旋出调整螺钉使油面升高，旋入调整螺钉使油面下降。

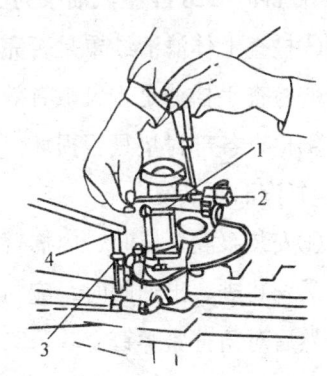

图 1—79　调整化油器油面高度
1—油面调整螺钉　2—锁紧螺母
3—拉杆　4—旋入接头

5) 调整后应使油面稳定在新的高度再检查一遍，以确定是否调整得当。

(4) 检修汽油泵

1) 拆下汽油泵

①关闭汽油箱开关，拆下汽油泵进、出油管接头，拆下汽油泵固定螺栓，取下汽油泵和衬垫。

②用专用洗油清洗泵体外部后检查其工作性能。若正常，则可不进行解体。否则，应进行汽油泵解体，进一步检查。

2) 分解清洗

①旋松油杯的固定螺母，取下油杯、滤网及衬垫。

②拆下汽油泵上体与下体的连接螺钉，分开汽油泵上体与下体。

③拆下进、出油阀压片螺钉，取下进、出油阀。

④拆下摇臂回位弹簧，将泵膜及拉杆总成稍向下压，然后斜着按顺时针方向转动，取下泵膜及拉杆、泵膜弹簧及弹簧座。

⑤用洗油清洗各部零件。清洗时应遵照先里后外、先细后粗的原则。重点清洗进油阀、出油阀、油阀座，清除腔壁及膜片上的沉积物。

3) 检查汽油泵零件

①检查膜片是否折断、破裂、损坏，如有损坏应更换。

②检查膜片弹簧有无锈蚀、弯扭、折断或自由长度弹力不等的现象，若有应更换。

③检查进、出油阀，有无关闭不严和漏油现象，并应查明原因。如隔垫污脏应清洁修复，如磨损过大、弹簧失效或阀座不平，则应更换。

④检查外摇臂端头工作面与泵体凸缘端平面的距离，应符合规定。如：226A16 型汽油

泵为 60 mm、226A4 型汽油泵为 32~34 mm。

⑤检查上体滤清纱罩是否完好，油杯是否破裂。

⑥检查手摇臂是否灵敏有效，外摇臂弹簧是否过软、折断。

⑦检查各部衬垫是否损坏。

4）汽油泵装复

①安装泵膜总成时，内摇臂应挂在泵膜拉杆上。

②安装进、出油阀时，应将衬垫放好。在连接上体与下体时应注意进、出油阀口的方向，然后对角拧紧螺钉。

③装复后，应检查有无漏气现象。可用手指分别堵住进、出油口，推动手摇臂，进油口应有一定的吸力，出油口应有一定的压力。然后接上油管，并把油管浸在油盆中，用手扳动手摇臂。若泵出的油是分散的，则为有漏气之处，应重新分别检查油杯、衬垫和进、出油阀。若泵出的油集中，则为压油良好，可装复使用。

④装配上与原来厚度相同的衬垫及衬铁，将汽油泵装回发动机。装回时，应使凸轮轴偏心处在不压摇臂的位置。然后均匀地旋紧固定螺钉。

⑤安装进、出口油管。安装油管螺母时，应将油管对正，用手将螺母旋进，避免螺纹损坏。然后用一只扳手固定接头，再用另一只扳手拧紧螺母。最后，打开油箱开关。

(5) 检查与调整发动机怠速

进行怠速装置调整应在以下工况下进行：发动机水温为 70~80℃，阻风门全开，配气相位、点火系工作正常，化油器的进气歧管接头处无漏气现象。怠速调整如图 1—80 所示，调整步骤如下：

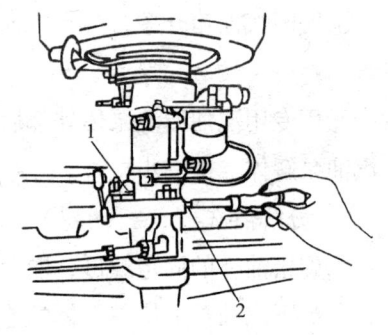

图 1—80 调整怠速
1—节气门开度调整螺钉 2—怠速调整螺钉

1）首先旋出节气门开度调整螺钉 1，使节气门开度减小，降低发动机转速，以发动机运转稳定不熄火为宜。

2）然后旋动（旋进或退出）怠速调整螺钉 2，使发动机转速在上述节气门开度下达到最大（达最佳混合浓度）。

3）反复交替上述动作，直到发动机在最低的稳定转速和耗油量最经济的情况下工作。怠速调整良好的标志是：节气门突然打开时，混合气体供给无迟滞现象，发动机转速能迅速提高；节气门突然关闭时，发动机转速能迅速降低，平稳运转而不熄火。若汽车上装有真空增压制动装置，则还应踩下制动踏板，此时发动机应正常运转而无变化。

(6) 更换气门油封

1) 确定更换条件

①当气门座圈表面有裂纹、斑点及严重烧蚀现象。

②气门座圈工作面低于汽缸盖平面 1.5 mm。

③气门座圈松动。

2) 拆卸旧座圈

①用专用拉器或撬棒将旧的气门座圈取出。

②拆卸后，清理气门座孔，将积炭清除干净，并根据情况扩大座圈轴承孔，使其适合于加大尺寸的气门座圈。注意：座圈轴承孔的尺寸必须符合技术标准。

3) 更换气门座圈

①检查、清理气门座圈轴承孔。

②先用喷灯火焰加热气门座圈孔四周，再将座圈放在冰箱内或用冰冷却，进行冷处理时要戴上合适的手套。

③用带台阶的冲头垫在气门座圈上，在适当的过盈配合下用压床压入气门座圈，也可用锤子敲入。

④检查座圈上端面应与汽缸盖平面平齐，并将高出部分修平。

(7) 更换曲轴前、后油封

1) 更换曲轴前油封

①拆卸

a. 放出散热器内的冷却水，拆下散热器罩总成、散热器进出水管、散热器总成及其附件，拆下风扇叶片。

b. 撬开起动爪的锁紧垫圈，旋出起动爪，取出锁片，用拉器拆下曲轴 V 带轮总成，或扭转减振器、V 带轮凸缘。

c. 拆下正时齿轮室盖及衬垫。

d. 把正时齿轮室盖放在工作台上，用油封拉器拉出油封，或用撬棒将油封撬出。使用撬棒时，注意不要损坏正时齿轮室盖的薄金属唇状油封座。

②安装油封　将油封密封唇、外围处均涂上清洁的润滑油，用锤子和专用打杆将新油封敲入油封座。安装时密封唇即油封敞开端应朝向存油的一边。

③装复　按上述拆卸相反的顺序将发动机前端零件安装齐全。

2) 更换曲轴后油封

①拆卸

a. 放净润滑油。

b. 拆下油底壳，并将其放在油底壳放置架上。

c. 拆下润滑油集滤器，放入工件盘。

d. 拆下曲轴油封，对两半式油封要从曲轴端部四周轻敲油封，用尖嘴钳将油封取出。若是整体式油封，则可以用旋具将其撬出或在油封上拧入两个小螺钉将其拉出。

②安装油封

a. 将油封座孔槽清洗干净，在槽侧面涂一层密封胶。

b. 把油封唇口处均匀涂上润滑油，然后用专用工具或大套管轻轻地敲击其端面，将油封敲入油封座中。注意：敲入时不得歪斜。

③装复　按上述拆卸相反的顺序进行装复。

(8) 检查曲轴轴向间隙

1) 用百分表测量

①拆下离合器底盖。

②将百分表的磁性表座固定在飞轮壳上，量头触到飞轮端面上，调整好零位。

③用撬棍沿轴向撬动飞轮，读取指针摆差值（轴向间隙），记录测得的数据。

2) 用塞尺测量

①放出润滑油并送检。

②拆下油底壳，将其放在油底壳放置架上。

③拆下润滑油集滤器，放入工件盘。

④拆下润滑油泵总成及连接管，放入工件盘。

⑤用撬棍直接前后撬动曲轴，用塞尺在曲柄臂与止推垫片（止推轴瓦）之间进行测量，做好记录。利用塞尺检查曲轴轴向间隙，如图1—81所示。

(9) 调整气门间隙

调整气门间隙有逐缸调整法和两次调整法。

1) 逐缸调整法

①将曲轴摇到第1缸活塞压缩行程上止点位置，并按规定做标记。如解放CA6102型发动机飞轮上的"1—6"标记应与离合器壳上的刻度线重合，如图1—82所示。

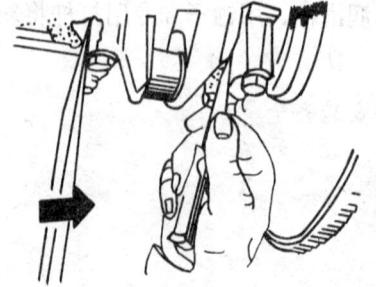

图1—81　用塞尺检查曲轴轴向间隙

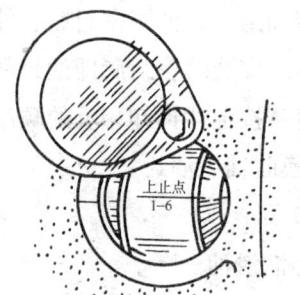

图1—82　解放CA6102型发动机飞轮

②调整时，先松开进、排气门锁紧螺母及调整螺栓，将塞尺插入气门杆尾端与摇臂端头之间，拧紧调整螺栓将塞尺轻轻压住，紧固锁紧螺母，再用塞尺复检一次。

③按点火顺序调整其他各缸进、排气门的间隙，使之符合规定。

2）两次调整法

第4缸至第6缸发动机的气门间隙，可以分两次调整完毕。其检查与调整步骤如下：

①摇转曲轴，确定第1缸活塞处于压缩行程上止点的位置。

②用厚度符合标准间隙的塞尺插入气门杆尾端与摇臂端头之间，来回拉动塞尺，以感到有轻微阻力为合适。由前向后检查第1、第2、第4、第5、第8、第9气门。

③若不符合标准，则需进行调整。调整时先松开气门摇臂端头的锁紧螺母，旋动气门摇臂上的调整螺钉，使其轻轻压住塞尺，然后紧固锁紧螺母。复检一次，查看其间隙是否有变动，若有变化，则需要重新调整。

④上述可调气门检调完毕后，将曲轴旋转1周（360°），对好第6缸压缩行程上止点正时标记。用同样的方法检调剩余气门。

国产汽车发动机气门间隙的两次调整法见表1—4。

表1—4　　　　　　　　国产汽车发动机气门间隙的两次调整法

| 汽车车型 | 工作顺序 | 处于压缩上止点的缸号 | 可调气门 |
| --- | --- | --- | --- |
| 东风 EQ1091 | 1、5、3、6、2、4 | 1缸 | （前至后）1、2、4、5、8、9 |
| 解放 CA1092 | | 6缸 | （前至后）3、6、7、10、11、12 |

# 第二章
# 诊断与排除发动机故障

## 第一节 诊断与排除汽油发动机油路故障

---

**学习目标**

- 能够诊断、排除化油器式发动机混合气过稀、过浓故障。
- 能够诊断、排除化油器式发动机怠速不良、不来油故障。
- 能够诊断、排除化油器式发动机加速无力故障。

---

一、相关知识

1. 汽油发动机油路故障的诊断方法

在诊断排除油路故障时,一般将油路划分为外油路和内油路两部分。外油路指燃油从燃油箱至化油器进油接头所流经的路径;内油路指燃油从化油器进油接头至汽缸燃烧后排入大气所经过的路径。

汽油发动机油路故障的诊断一般采用先外后内、由简到繁、逐段检查、逐渐缩小范围的办法,并根据发动机动力、烟度和声响情况,准确地诊断出故障的部位,及时进行故障排除。汽油发动机内外油路如图2—1所示。

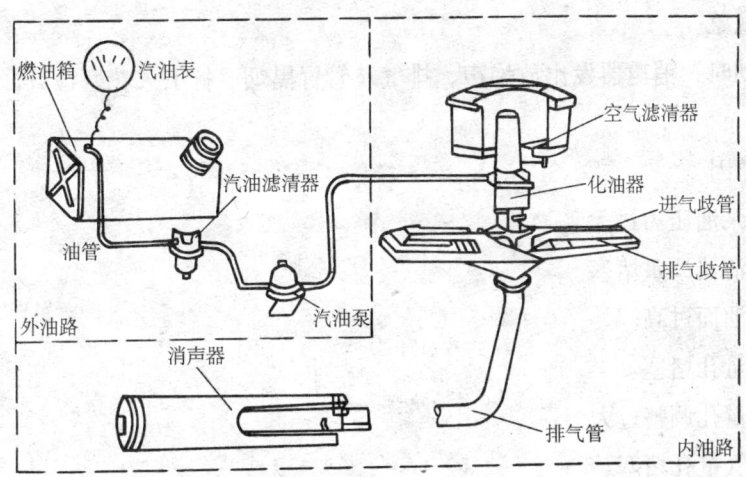

图 2—1 汽油发动机内外油路

2. 化油器式发动机混合气过稀故障现象、原因

(1) 故障现象

1) 发动机无法起动，或起动后转速不易提高。

2) 加速时发动机易熄火。

3) 发动机怠速不平稳。

4) 化油器有回火和放炮声，拉起阻风门，情况好转。

(2) 故障原因

1) 油箱油量过少。

2) 油路部分堵塞。

3) 油路系有泄漏。

4) 油路内产生气阻。

5) 进气歧管漏气。

6) 汽油滤清器滤芯部分堵塞。

7) 汽油泵摇臂和凸轮轴偏心轮磨损。

8) 汽油泵膜片漏油。

9) 汽油泵进出油阀不密封。

10) 化油器进油口滤网堵塞。

11) 化油器主量孔和喷管部分堵塞。

12) 化油器阻风门关闭不严。

13) 化油器怠速调整螺钉调整不当，供油量少。

3. 化油器式发动机混合气过浓故障现象、原因

(1) 故障现象

发动机起动时，消声器发出放炮声，排气歧管冒黑烟。拧下火花塞检查，可见火花塞裙部被汽油沾湿。

(2) 故障原因

1) 汽油泵泵油压力过大。

2) 空气滤清器严重堵塞。

3) 浮子室油面过高。

4) 主空气量孔堵塞。

5) 主空气量孔调整过大。

6) 怠速空气量孔堵塞。

7) 加速阀压紧弹簧折断。

8) 阻风门开度不足。

4. 化油器式发动机怠速不良故障现象、原因

(1) 故障现象

发动机怠速时熄火、转速不稳定，并伴有强烈振动等现象。

(2) 故障原因

1) 化油器怠速调整不当。

2) 怠速空气量孔和怠速油路供油不畅。

3) 怠速空气量孔堵塞。

4) 化油器浮子室油面过高或过低。

5) 节气门关闭不严，门轴松旷。

6) 化油器与进气歧管凸缘衬垫和进气歧管衬垫不密封。

7) 气门间隙调整不当或配气正时不准确。

8) 点火提前角调整不当或火花塞间隙不当。

5. 化油器不来油故障现象、原因

(1) 故障现象

在确定电路无故障后，起动发动机。起动机开关接通时，发动机转动，但不能起动或起动数秒后又熄火，并伴随化油器回火现象。往化油器加入少量汽油后能起动发动机，但随后又熄火。观察排气歧管出口处，无烟排出或排烟时间很短。

(2) 故障原因

1) 油箱存油不足。

2) 油箱盖气阀堵塞。

3) 油箱开关未打开。
4) 油箱内吸油管焊接处断裂。
5) 油管接头松动。
6) 油箱吸油管堵塞。
7) 汽油滤清器沉淀杯衬垫漏气。
8) 汽油滤清器滤芯堵塞。
9) 汽油滤清器中心螺栓衬垫漏气。
10) 汽油泵偏心轮和外摇臂接触处严重磨损。
11) 汽油泵油杯衬垫漏气。
12) 汽油泵内外摇臂接合处和内摇臂与膜片接杆接合处严重磨损。
13) 汽油泵油杯进油口滤网堵塞。
14) 汽油泵膜片破裂。
15) 汽油泵进出油阀不密封。
16) 化油器阻风门不能关闭。
17) 化油器进油接头处滤网堵塞。
18) 化油器主量孔或喷油口堵塞。
19) 化油器怠速螺钉调整不当。

6. 化油器式发动机加速无力故障现象、原因

(1) 故障现象

发动机加速时，转速不能迅速提高，行驶无力，有时甚至熄火。

(2) 故障原因

1) 化油器加速泵联动装置松旷或脱落。
2) 加速泵进、出油阀不密封。
3) 加速喷口或油路堵阻。
4) 加速泵弹簧折断或弹力过弱。
5) 加速泵皮碗破裂或磨损过甚。
6) 加速泵泵腔磨损严重。

## 二、操作技能

1. 操作内容

(1) 诊断与排除化油器式发动机混合气过稀或过浓故障。
(2) 诊断与排除化油器式发动机怠速熄火故障。

(3) 诊断与排除化油器不来油故障。

(4) 诊断与排除化油器式发动机加速无力故障。

2．操作准备

(1) 汽车用汽油发动机1台。

(2) 汽车维修工具及设备。

3．操作步骤

(1) 诊断与排除化油器式发动机混合气过浓故障

1) 检查化油器浮子室油面是否过高。

①油面正常，检查阻风门是否打开、空气滤清器是否进气不畅，若空气滤清器堵塞应清洗或更换滤芯。

②油面过高，应调整油面至正常高度。油面不能调至正常高度时，应检查三角针阀是否密封、浮子是否破裂，若不符合要求应进行更换。

2) 以上检查均正常，混合气仍过浓时，应检查化油器主量孔是否过大、空气量孔是否堵塞。

3) 带有主量孔配剂针的化油器，还应检查配剂针是否旋出过多。

(2) 诊断与排除化油器式发动机混合气过稀的故障

1) 检查化油器浮子室油面是否过低，若过低，则调至正常。

2) 油面正常，将阻风门适当关闭后，情况有所好转，检查进气歧管衬垫、化油器底座节气门轴等处是否漏气。

3) 检查化油管主量孔、主油路是否堵阻不畅。

4) 带有主量孔配剂针的化油器，应检查是否旋入过多而导致混合气过稀。

5) 油面调至正常，发动机经中、高速运行一段时间后，若油面又过低，则为化油器进油滤网堵阻或外油路来油不畅，按来油不畅故障的诊断要求检查。

(3) 诊断与排除化油器式发动机怠速熄火的故障

1) 检查油面状况，使之正常。

2) 调整发动机怠速，使之正常。

3) 如果仍无怠速，则可检查怠速量孔、怠速油路和怠速空气量孔是否堵阻。

4) 若未堵阻，则应检查进气歧管真空度操纵的一些辅助装置、化油器节气门下方等处是否漏气。这些部位有漏气现象，就会影响进气歧管真空度，造成怠速熄火故障。

(4) 诊断与排除化油器不来油故障

1) 检查化油器浮子室内油面是否正常。若油面正常，则故障在内油路；若浮子室内无油或油面过低，则故障在外油路。

2) 检查外油路故障。

①打开燃油箱开关，燃油箱内有油。再将化油器进油管接头拆下，用汽油泵手拉杆泵油。若不出油，则表明燃油箱内存油不足，燃油箱至油泵间有堵阻或漏气处，汽油泵工作不良。

②检查外油路是否堵阻或漏气。用打气筒打气，如燃油箱内打气时应能听到吹泡声，说明油路畅通无堵阻。堵住外油路出油口，打气时，各密封处应无漏气现象。

③以上检查均无故障，化油器仍不来油，表明故障在汽油泵。若转动曲轴时，油泵不出油，手拉杆泵油时出油，则为汽油泵拉杆磨损过量或离偏心轮过远。

④转动曲轴，化油器进油管出油正常。若浮子室内油面过低或无油，应进而检查化油器进油滤网是否堵阻、三角针阀是否卡死。

3) 检查内油路故障。抖动节气门操纵臂，查看加速喷口是否喷油。若不喷油，表明加速装置工作不良，此故障导致发动机冷车难以起动；若喷油，发动机仍有不来油或来油不畅的现象，表明化油器主量孔或主油路堵阻，应拆检、清洗化油器。

(5) 诊断与排除化油器式发动机加速无力的故障

1) 抖动节气门，检视加速喷口出油情况。若无油喷出，则为加速装置故障。

2) 检查加速泵联动装置是否工作正常，若正常，可拆下加速喷口螺钉后抖动节气门，若此时出油，表明加速喷口堵塞；排除加速喷口堵塞故障后，仍无油喷出，表明加速泵皮碗或进、出油阀有故障。

3) 若上述检查均正常，则应再检查加速弹簧是否过弱，油路是否畅通。

4) 急加速时，化油器有轻微回火，高速运转时发动机乏力，这是供油不足所致，应检查化油器油面是否过低。若化油器油面不正常，则可调整加速泵的喷油量。

# 第二节　诊断与排除汽油发动机电路故障

**学习目标**

- 诊断、排除发动机点火过早、过迟故障。
- 诊断、排除点火初级线圈短路或断路故障，以及次级线圈断路故障。
- 诊断、排除发动机单缸不工作故障。

## 一、相关知识

1. 汽车电路故障的诊断方法

(1) 电流表判断法

汽车上的电流表，不但可以指示用电系的工作情况，还能反映电路的故障性质和部位。接通点火开关，摇转曲轴，根据电流表指示情况进行判断：

1) 电流表指针指示 0 A，说明用电设备某处断路，或导线接触不良。

2) 电流表指针指示在 3~5 A 不动，说明初级线圈至分电器断电触点之间有接地短路。

3) 电流表指针指示在 7~10 A 不动，说明附加电阻中段至点火线圈初级线圈的前段，以及点火线圈开关接线柱至起动机辅助接线柱间接地。

4) 电流表指针指示在 10 A 以上不动，说明点火开关至点火线圈电源接线柱间接地，或点火开关至仪表板导线接地。

(2) 接地试火法

接地试火法可用一根导线的一端接在用电设备的一个接线柱，另一端与接地部位试火，如图 2—2 所示。依次逐段试火，图中 1、2、3 处试火位置均有火花，4 处无火花，说明断路在 3 与 4 之间。

也可以不用导线，逐段从用电设备的接线柱上拆下接线，在接地处试火可以达到同样的效果。

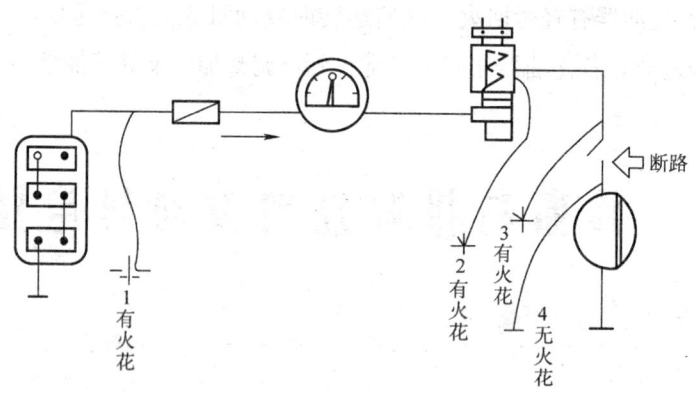

图 2—2 接地试火法

(3) 试灯法或电压表测量法

用如图 2—2 所示的电路，采用试灯或电压表来代替某一根导线，同样逐段试验，若灯亮或电压表指针不动，则说明该段之前有断路。

(4) 高压试火法

将分电器中心高压线或火花塞上的高压线拔下，将线头对准缸体距离 6~8 mm。然后打开点火开关，用起动机或手摇柄使发动机转动，也可用旋具拨动分电器断电触点，观察线端间隙是否跳火及火花强弱程度，如图 2—3 所示。

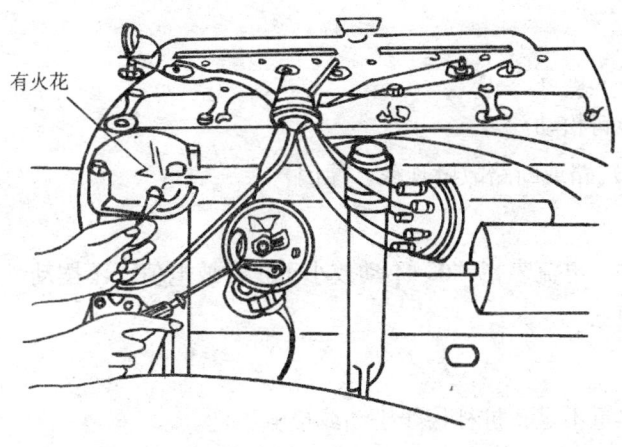

图 2—3　高压试火法

(5) 症状诊断法

1) 化油器回火或排气歧管放炮，加速时更厉害，应检查点火次序是否错乱，分电器盖插孔是否窜电。

2) 加速有爆震，怠速容易熄火，手摇柄摇转发动机有反转现象，应检查点火是否过早或分电器断电触点间隙是否过小。

3) 不易加速，发动机温度容易升高，出现"开锅"现象，应检查点火是否过迟或分电器断电触点间隙是否过大。

4) 运转不均匀，可检查电容器和点火线圈是否良好。

2. 发动机点火过早故障现象、原因

(1) 现象

1) 打开点火开关，手摇发动机有倒转现象。

2) 用起动机起动时，起动阻力大，发动机转动困难。

3) 加速时发动机有严重的爆震声。

4) 发动机怠速运转不平稳，易熄火。

(2) 原因

1) 分电器断电触点间隙过大。

2) 点火正时失准。

3. 发动机点火过迟故障现象、原因

(1) 现象

1) 发动机不易发动。

2) 消声器声响沉重，有时放炮，化油器回火。

3) 行驶无力，不易加速，发动机温度容易升高。

(2) 原因

1) 分电器断电触点间隙太小。

2) 分电器固定螺钉松动。

4. 点火初级电路短路或断路故障现象、原因

(1) 现象

1) 打开点火开关，电流表指"0"不动或小于正常放电值，不摆动。

2) 发动机不能起动。

(2) 原因

1) 蓄电池存电严重不足，桩柱接线松动或接触不良。

2) 蓄电池至分电器触点之间断路。

5. 点火次级电路断路故障现象、原因

(1) 现象

1) 打开点火开关，起动发动机，电流表动态正常。

2) 发动机无着火征兆，不能起动。

(2) 原因

1) 点火线圈次级线圈断路。

2) 分火头漏电。

3) 分电器盖漏电或中心炭极脱落。

4) 高压线断路。

6. 发动机单缸不工作故障现象、原因

(1) 现象

1) 发动机在各种转速运转时，消声器均发出有节奏的"突、突"声。

2) 发动机运转不平稳、抖动。

3) 有时有"回火""放炮"现象，排气歧管冒黑烟。

4) 动力下降，怠速不稳易熄火。

(2) 原因

1) 个别缸高压分线脱落或漏电。

2) 分电器凸轮磨损不均匀，分电器轴松旷偏摆。

3) 个别火花塞工作不良。

4) 分电器盖上个别高压分线插孔漏电或窜电。

5) 高压线插错。

## 二、操作技能

1. 操作内容

(1) 诊断、排除发动机点火过迟故障。

(2) 诊断、排除发动机点火错乱故障。

(3) 诊断、排除点火初级电路短路或断路故障。

(4) 诊断、排除点火次级电路断路故障。

(5) 诊断、排除发动机单缸不工作故障。

(6) 诊断与排除电喷发动机无法起动故障。

2. 操作准备

(1) 发动机1台。

(2) 汽车维修工具及设备。

3. 操作步骤

(1) 诊断、排除发动机点火过迟故障

1) 检查分电器外壳固定螺钉是否松动。

2) 检查分电器断电触点间隙是否过小。

(2) 诊断、排除发动机点火错乱故障

1) 检查高压分线排列顺序与该发动机做功顺序是否一致。

2) 检查分电器是否有窜电现象。

3) 校正点火正时。

①摇转曲轴,使第1缸处于压缩终了位置,对准正时标记。

②适当转动分电器,使触点处于微微张开状态后紧固分电器壳固定螺钉。

③装上分火头和分电器盖,将此时分火头所对应的分电器旁插孔插上第1缸高压分线。

④按发动机做功顺序,沿分火头旋转方向插上其他各缸高压分线。

4) 检查分电器凸轮轴或分火头是否有自转现象。检查触点固定螺钉、压板固定螺栓是否松动。

(3) 诊断、排除点火初级电路短路或断路故障

1) 打开点火开关,若电流表指"0"不动,其他仪表也不摆动,则为蓄电池至点火开关间断路或蓄电池接地松脱,蓄电池存电严重不足。

2) 打开点火开关,转动曲轴时,电流表指示小电流放电,表明点火开关至分电器断电

触点间断路。用接地试火法确定故障部位。

3）拆下分电器接柱上的导线试火，若无火花，则故障在此导线与点火开关之间。

4）测试附加电阻。若附加电阻输入端有火花，附加电阻输出端无火花，可用万用表检测附加电阻的值。

5）测试点火线圈低压电路，若点火线圈低压输入端有火花，输出端无火花，应检测其初级线圈是否断路。

6）分电器低压输入导线端有火花，用此线端刮擦接线柱无火花，此时应打开分电器盖，摇转曲轴，看断电触点是否闭合。若不能闭合，表明触点间隙过大，应检查调整触点间隙；能闭合，应检查接线柱至活动触点弹簧的导线是否断路或接触不良，触点是否严重烧蚀或脏污。

（4）诊断、排除点火次级电路断路故障

1）打开点火开关，从分电器盖上拨出中心高压分线，使其端头距缸体缺口处约5~7 mm，拨动触点试火，如图2—4所示，若无火花，应检查点火线圈。

2）中心高压线试火时，如有强烈的火花，可装上分电器盖，起动发动机，对高压分线试火。如有火花，则应检查火花塞；若无火花，则故障在分火头、分电器盖、高压分线，再逐项检查。

3）检查火花塞是否漏电，电极是否潮湿或积炭过多，间隙是否符合标准。

4）如图2—5所示为分火头的检验。若中心高压线末端对分火头跳出火花，表明分火头已击穿。

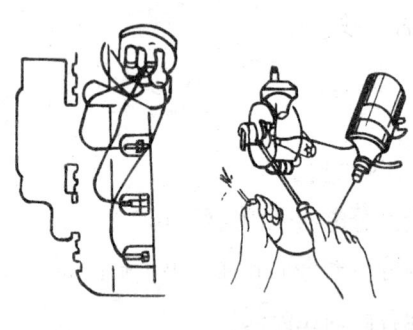

图2—4 中心高压线试火法

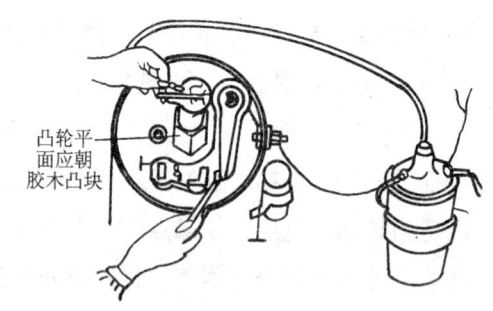

图2—5 分火头的检验

5）分电器盖应检查其中心炭极是否完好，盖体是否裂损或窜电。

（5）诊断、排除发动机单缸不工作故障

1）查看高压分线有无脱落、漏电或插错。

2）在发动机中、低速时，作逐缸断火试验，如图2—6所示，若某缸断火后发动机转速明显下降或熄火，表明该缸工作良好；若某缸断火后，发动机转速无任何变化，表明该缸不工作。

3) 拔出不工作缸的高压分线，距火花塞 5 mm 左右作跳火试验，如图 2—7 所示。若有火，则为该缸火花塞工作不良或发动机机械故障；若无火，应检查该缸的旁插孔或高压分线是否漏电。

4) 检查分电器凸轮是否磨损不均匀或上下窜动。

(6) 诊断与排除电喷发动机无法起动故障。

1) 检查点火系统

①检查分缸线是否有火。

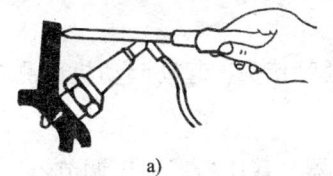   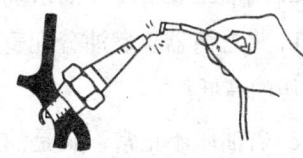

图 2—6　逐缸断火检验个别缸不工作　　　　　图 2—7　高压试火检验不工作缸
　　　a) 短路法　b) 断路法

a. 拆下火花塞，将分缸线插接上火花塞后抵在缸体上。

b. 起动发动机，观察火花塞跳火情况。

c. 也可以用正时灯夹住分缸线，观察正时灯的闪烁情况，若正时灯不闪，则说明不跳火。

②检查中央高压线是否有火。若中央高压线有火而分缸线无火，则是分电器故障。

③检查继电器和熔丝（保险丝）。

④检查点火线圈。拔下点火线圈的电插头，检查初、次级电阻和电源。

⑤检查点火器。

a. 检查点火器的电源、接地。

b. 检查 ECU 对点火器的脉冲信号。

c. 检查功率晶体管能否导通和截止。

⑥检查控制点火的传感器。

a. 检查发动机曲轴位置传感器、凸轮轴位置传感器、转速传感器，可相应检查发动机空气流量传感器或进气压力传感器。

b. 若传感器有问题要先检测传感器至电控单元的线路是否导通，再检查传感器。

⑦初步外观检查电控单元。

2) 检查机械部分

①首先看发动机能否转动。

②用缸压表检查汽缸压力,若压力不在 800~1 300 kPa 范围内或压差超出标准,则要检查配气正时、缸垫、正时带位置、活塞环密封性、气门密封性等。

3) 检查气路

①检查真空管是否脱落。

②将各种连接卡箍拧紧。

③按要求插好各种真空管路。

4) 检查油路

①检查油压。

a. 用油压表检测燃油系统的油压。

b. 将滤清器至燃油分配管之间油路断开,接上油压表,拧紧管接头,起动起动机可测出油压的高低。

c. 若油压不正常,则是油路问题,须检查油泵、滤网、滤清器、蓄压器、油压调节器、喷油器。

d. 检查油泵,可在打开点火开关时听油泵运转声音,若有声音则为其他问题,若无声音则是油泵或其线路问题。

e. 检查油压调节器,可加大油门开度或拔下油压调节器的真空管路,看油压是否增加 50 kPa。

②检查喷油器是否堵塞。

a. 拔下喷油器电插头,装上油压表,在发动机上建立起油压。

b. 逐个给每个喷油器脉冲式供电,油压下降的喷油器为正常,而油压不下降的为堵塞。

③检查喷油器是否泄漏。

将发动机的油压建立起来,看其在 30 s 内是否有明显下降,若下降太多则有泄漏之处,再看喷油器处是否发黑,发黑就是有泄漏。

④检查喷油器的阻值。拔下电插头,用欧姆表检查阻值,约 3~16 Ω 为正常,否则更换。

⑤检查喷油器的供电电源。

a. 点火开关置于 OFF 处,拔下电插头,用伏特表测电插头两个端子的电压。

b. 当点火开关处于 ON 处的瞬间或起动时应有 12 V 的电源,若没有则要检查继电器。

c. 若是分组喷射,则可能两个端子都是 12 V。

⑥检查喷油器的控制端。上述检测的另一个端子就是喷油器的控制端,从电瓶正极接一个带电阻的二极管试灯,另一端接到喷油器的控制端,起动起动机时试灯闪是正常的,若试灯不闪,则进行下一步。

⑦检查控制喷油的传感器。

a. 检查发动机曲轴位置传感器、凸轮轴位置传感器、转速传感器，可相应检查发动机空气流量传感器或进气压力传感器。

b. 若传感器有问题，要先检测传感器至 ECU 的线路是否导通，再检查传感器。

5）检查电控单元

①首先查看外观，再检查线路、电源及接地，必要时解体检查。

②最后，可用红盒子故障检测仪检测发动机的数据流，根据发动机的运转状况对发动机进行修竣验收。

# 第三章 汽车底盘维护

## 第一节 汽车底盘一级维护

**学习目标**

- 汽车底盘零部件的组成及结构。
- 掌握汽车底盘一级维护的具体内容。
- 能够对汽车底盘各部件及传动机构进行调整与检修。

### 一、相关知识

1. 转向系的组成与工作过程

转向系的功用是根据需要改变汽车的行驶方向和保持汽车稳定的直线行驶。

转向系一般由转向器和转向传动机构两部分组成,如图3—1所示。

(1) 转向器

转向器的主要功用是增大转向盘传到转向垂臂的力和改变力的传递方向。

转向器的类型较多,按转动副的结构形式不同,可分为循环球式、蜗杆曲柄指销式、球面蜗杆滚轮式、蜗杆蜗轮式等几种。

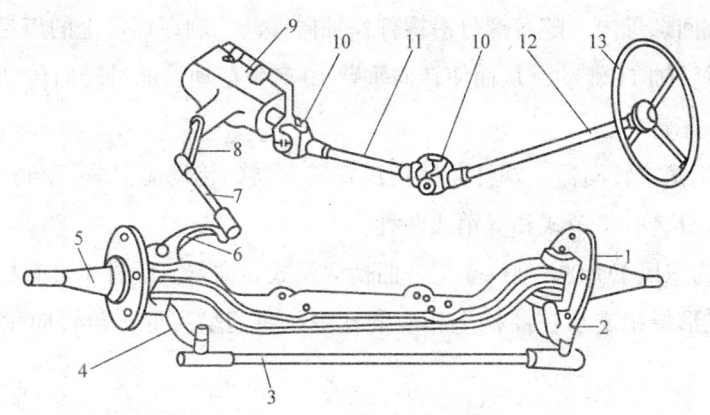

图3—1 汽车转向系示意图

1—右转向节 2、4—梯形臂 3—转向横拉杆 5—左转向节 6—转向节臂 7—转向纵拉杆
8—转向垂臂 9—转向器 10—转向万向节 11—转向传动轴 12—转向轴 13—转向盘

1) 循环球式转向器 循环球式转向器一般有两级传动副,第一级是螺杆与螺母,第二级是齿条与齿扇。如图3—2所示为北京BJ2023、BJ1050型汽车使用的循环球式转向器。它主要由壳体3、转向螺杆4、转向螺母12、转向齿扇与垂臂轴11、钢球9和转向盘及转向轴等组成。

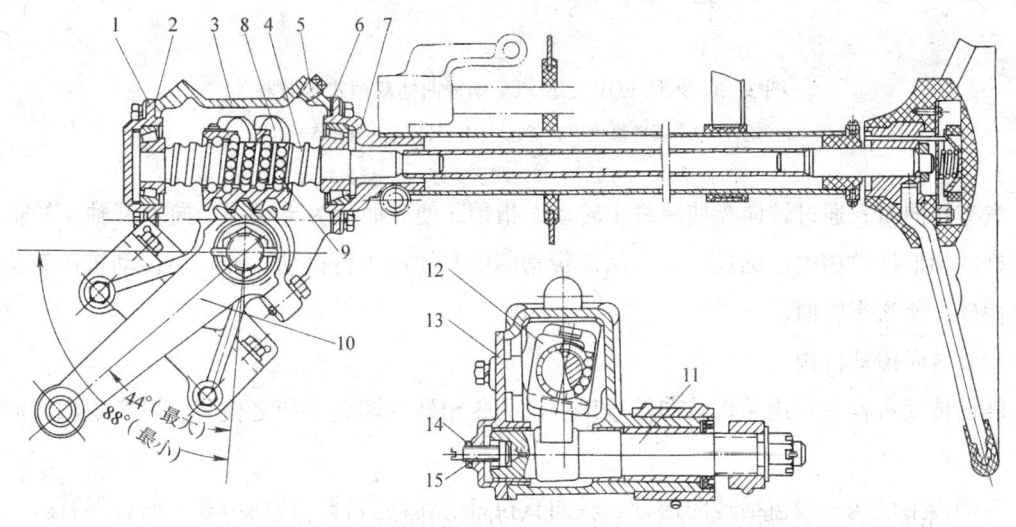

图3—2 循环球式转向器

1—下盖 2、6—调整垫片 3—壳体 4—转向螺杆 5—加油螺塞 7—上盖 8—钢球导管 9—钢球
10—转向垂臂 11—转向垂臂轴 12—转向螺母 13—侧盖 14—固定螺母 15—调整螺钉

当转动转向盘时,转向螺杆4也随之转动,通过钢球9将力传给螺母12,螺母12即产生轴向移动。同时,由于摩擦力的作用,所有钢球便在螺母内绕行两周后,流出螺母而进入

导管,再由导管流回螺母内。随着螺母沿螺杆作轴向移动,制在螺母上的齿条便带动与之啮合的齿扇使转向垂臂轴11转动,从而使转向垂臂10产生摆动,通过转向传动机构使转向轮发生偏转以实现汽车转向。

2) 蜗杆曲柄指销式转向器　蜗杆曲柄指销式转向器的传动副是蜗杆与指销。按其传动副中指数的数目来分,有单销式和双销式两种。

图3—3所示为东风EQ1092型汽车蜗杆曲柄双销式转向器。蜗杆1具有梯形螺纹,与指销5相啮合。两锥形指销支承在曲柄上相应的孔中。曲柄呈叉形,与转向垂臂轴4制成一体。

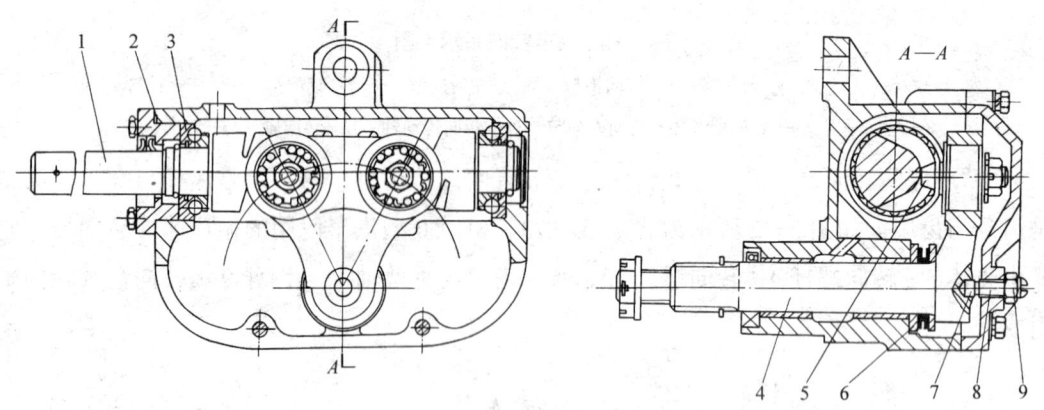

图3—3　东风EQ1092型汽车蜗杆曲柄双销式转向器
1—蜗杆　2—调整垫片　3—轴承　4—转向垂臂轴　5—指销
6—弹簧片　7—顶销　8—调整螺钉　9—锁紧螺母

汽车转向时,通过转向盘使蜗杆1转动,指销5便以曲柄为半径绕转向垂臂轴4的轴线在蜗杆的梯形螺纹槽内作圆弧运动,从而带动曲柄和转向垂臂摆动,经转向传动机构带动转向轮偏转,使汽车转向。

(2) 转向传动机构

转向传动机构的功用是将转向器输出的动力传给转向车轮,使之偏转,以实现汽车的转向。

转向传动机构一般包括转向摇臂、转向直拉杆、转向节臂、转向节和左右梯形臂。

1) 转向摇臂　图3—4所示为常用的转向摇臂。转向摇臂大端内锥面的三角形细花键与转向摇臂外端锥面上同样形式的外花键配合,并用螺母固定。其小端的锥孔与球头销柄部连接,也用螺母紧固,并用开口销保险,球头销与直拉杆做铰链连接。

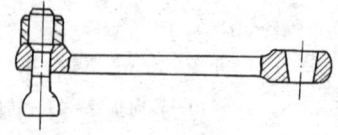

图3—4　转向摇臂

2) 转向直拉杆　转向直拉杆是连接转向摇臂和转向节臂的杆件。解放 CA1092 型汽车的转向直拉杆如图 3—5 所示。

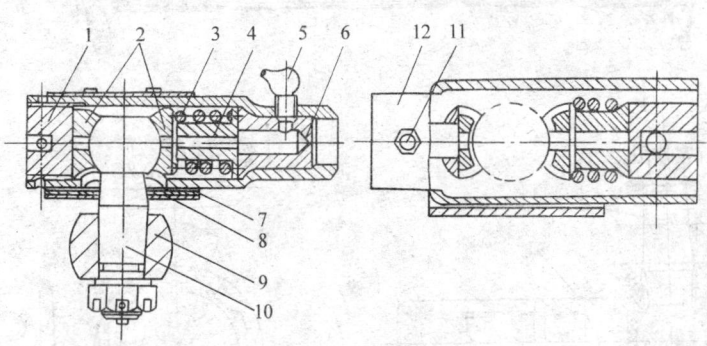

图 3—5　解放 CA1092 型汽车的转向直拉杆
1—螺塞　2—球头座　3—弹簧　4—弹簧座　5、11—注油盅　6—座塞
7—油封　8—油封垫护罩　9—转向摇臂　10—球头销　12—直拉杆

转向直拉杆用两端扩口的钢管制成，在扩口的端部里，装有球头销、球头座、弹簧、弹簧座和螺塞等组成的球铰链，并分别与转向节臂和转向摇臂连接。球头销的球头夹在前后两个球头座之间，在螺塞和弹簧的作用下，球头销与球头座紧靠。螺塞可用以调整弹簧的预紧度，调整时可将螺塞拧紧后再退回 1/4～1/2 圈，并使螺塞的槽与直拉杆头上的小孔对正，然后用开口销锁住。直拉杆两端的弹簧应装在球头销的同一侧。

3) 转向横拉杆　横拉杆是连接左、右梯形臂的杆件，它与左、右梯形臂及前轴构成转向梯形机构，如图 3—6a 所示。

横拉杆由横拉杆体和旋装在两端的接头组成。两端的接头结构相同，如图 3—6b 所示。其中球头销的锥形部分与梯形臂相连。上、下球头座用聚甲醛制成，它有良好的耐磨性。球头座的形状如图 3—6c 所示。装配时两球头座的凹凸部分相互嵌合。

两接头用管螺纹与横拉杆体连接，并沿轴向开槽，故径向具有弹性。接头旋装到横拉杆体上后，用夹紧螺栓夹紧。横拉杆体两端的管螺纹，一端为右旋，一端为左旋。因此，在放松夹紧螺栓后，转动横拉杆体即可改变横拉杆的总长度。

4) 转向盘的自由行程　转向系中各连接零件和传动副之间存在着一定的间隙，这使转向盘在转向轮发生偏转前能转过一定的角度，这段角行程称为转向盘的自由行程。自由行程不宜过大，以免影响转向灵敏性及产生转向盘摇摆现象。一般转向盘自由行程为 100～250 mm。

2. 离合器的种类、结构与工作原理

汽车用摩擦片式离合器常用单片式、多片式和膜片弹簧式。

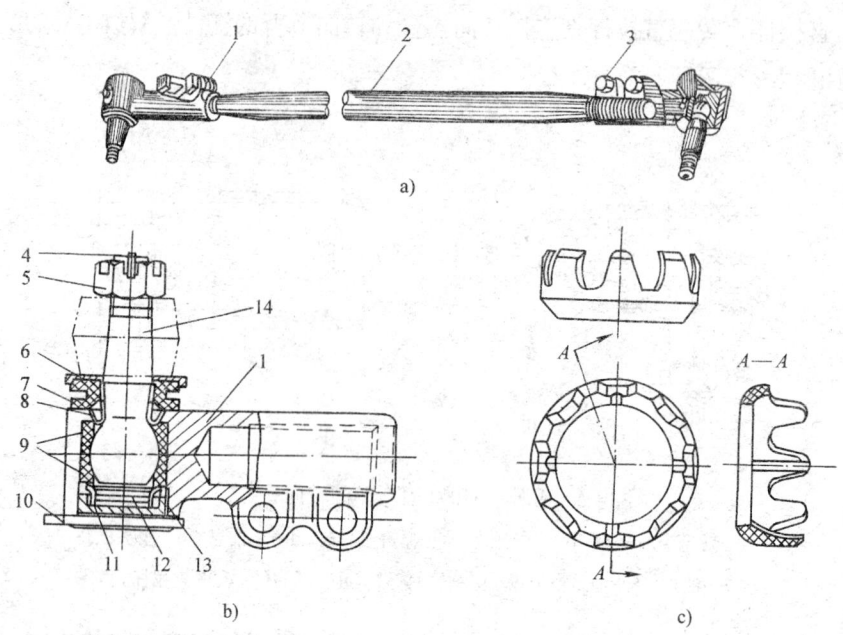

图 3—6　常见汽车转向横拉杆
a) 转向横拉杆　b) 接头　c) 球头座

1—横拉杆接头　2—横拉杆体　3—夹紧螺栓　4—开口销　5—槽形螺母　6—防尘垫座
7—防尘垫　8—防尘罩　9—球头座　10—限位销　11—螺塞　12—弹簧　13—弹簧座　14—球头销

（1）单片离合器　多用在中、小型汽车上，如奥迪等型汽车。

（2）双片离合器　双片离合器的工作原理与单片离合器基本相同。所不同的是采用了两个压盘和两个从动盘，摩擦片从两个增加到4个。

（3）膜片弹簧离合器　图3—7所示为膜片弹簧离合器的工作原理图。膜片弹簧3呈蝶形，靠中心部位开有辐条式径向槽，在其两侧各放有一个钢丝支承环5。用铆钉将膜片弹簧3固定在离合器盖1上。

当离合器盖1未固定于飞轮7上时，膜片弹簧3不受力，处于自由状态，如图3—7a所示。此时，离合器盖1与飞轮7间有一距离 $l$。

当离合器盖1用螺钉固定到飞轮7上后，离合器盖通过右边支承环5推压膜片弹簧3，使其产生弹性变形。同时膜片弹簧外端对压盘2产生压紧力（此时膜片弹簧起压紧

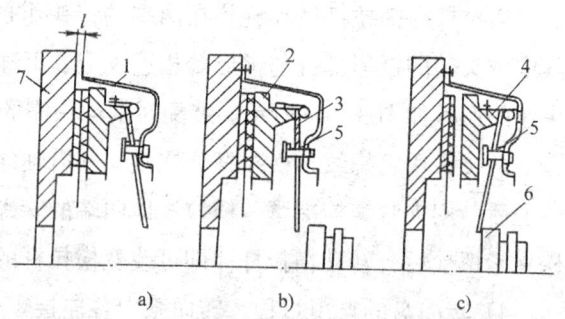

图3—7　膜片弹簧离合器的工作原理图
a) 安装前位置　b) 接合位置　c) 分离位置
1—离合器盖　2—压盘　3—膜片弹簧
4—分离钩　5—支承环　6—分离轴承　7—飞轮

弹簧的作用），使离合器处于接合状态，如图3—7b所示。

当踏下离合器踏板时，分离轴承6向左移动，使膜片弹簧以左边支承环5为支点，内端向左移动，外端便通过分离钩4将压盘2拉向右方，从而使离合器分离，如图3—7c所示。此时，膜片弹簧兼起分离杠杆的作用。

解放CA1092型汽车采用膜片弹簧式单片离合器。

3. 汽车底盘一级维护作业内容

(1) 检查、调整离合器自由行程。

(2) 检查转向器、传动十字轴承、横直拉杆、摇臂及前桥，添加润滑油，调整松紧度。紧固、润滑前桥球头销。

(3) 检查变速器、传动轴、中间轴承和后桥，添加润滑油，畅通通气孔，校紧各部螺栓、螺母。

(4) 检查紧固制动管路各接头、支架、螺栓、螺母。检查调整行车制动踏板自由行程和驻车制动自由行程。

(5) 检查紧固车架、车厢及附件支架各部的螺栓、拖钩、挂钩。

(6) 检查轮辋及压条挡圈的裂损情况。

(7) 检查补足轮胎气压。

(8) 检查轮毂轴承松紧度。

(9) 检查钢板弹簧有无断裂，紧固U形螺栓和卡子。

(10) 检查减振器性能。

4. 汽车底盘一级维护作业技术要求

(1) 转向臂、转向拉杆、制动操纵机构工作可靠，锁销齐全有效，转向杆球头、转向传动十字轴承、传动轴十字轴承无松旷。

(2) 转向器、变速器、驱动桥的润滑油面应在检视口下沿0~15 mm处，通风孔应畅通；变速器、减速器的凸缘螺母紧固可靠。

(3) 各润滑脂油嘴齐全有效，安装位置正确。所有润滑点均已润滑，无遗漏。

(4) 轮胎气压应符合规定，胎面无嵌石及其他硬物。

(5) 离合器踏板和制动踏板自由行程符合技术规定。

(6) 车轮轮毂轴承无松旷。

5. 汽车底盘紧固注意事项

(1) 发动机前后支承、钢板弹簧、U形螺栓、制动底板、轮胎、传动轴、半轴等处螺栓、螺母齐全紧固，各种垫圈、衬垫完好。

(2) 转向垂臂、转向横拉杆、制动操纵机构应完好。

(3) 变速器、主减速器凸缘螺母齐全、紧固、可靠。

(4) 离合器踏板、制动踏板自由行程符合规定。

(5) 轮毂轴承不松旷。

**6. 汽车底盘加注润滑脂注意事项**

加注润滑脂应根据车辆和机械设备说明书的规定,选用相适应的润滑脂品种和黏度牌号。

**7. 齿轮油**

(1) 齿轮油的种类

国标 GB 7631.1—87 规定,车辆齿轮油按黏度为 150 000 MPa·s 时的最高温度和 100℃时的运动黏度分为 70 W、75 W、80 W、85 W、90、140、250 七个黏度牌号。GB 7631.7—1995 规定,齿轮油分为普通车辆齿轮油(SH 0350—1992)、中负荷车辆齿轮油(GL—4)和重负荷车辆齿轮油(GL—5)(GB 13895—1992)3 个品种。

普通车辆齿轮油(相当于 GL—3),适用于中速和负荷比较苛刻的手动变速器和螺旋锥齿轮驱动桥。按黏度分为 80W/90、85W/90 和 90 三个牌号。

目前我国还没有制定中负荷车辆齿轮油(GL—4)规格的国家标准。

重负荷车辆齿轮油(GL—5)(GB 13895—1992)适用于高速冲击负荷、高速低扭矩和低速高扭矩下工作的各种齿轮,特别是轿车和其他各种车辆的双曲面齿轮。GL—5 级油有 75W、80W/90、85W/140、90 和 140 等黏度牌号。

(2) 齿轮油的使用标准

更换齿轮油时,不能将使用级较低的齿轮油用于要求较高的车辆上,也不要将使用级较高的齿轮油用在要求较低的车辆上。

**8. 制动液**

(1) 制动液的种类

根据制动液的组成和特性,一般分为醇型、醇醚型、脂型、矿油型和硅油型 5 种。其中醇醚型和脂型统称为合成型,是目前广泛应用的主要品种。

(2) 制动液更换要求

1) 各种制动液不能混用。

2) 按车辆使用说明书的要求,按期更换制动液,更换期一般为车辆行驶 20 000 ~ 40 000 km 或 1 年。更换制动液时必须将制动系清洗干净。

**9. 润滑脂**

汽车常用润滑脂品种有钙基润滑脂、钠基润滑脂、锂基润滑脂、极压复合锂基润滑脂和石墨钙基润滑脂等。

润滑脂的加注方法主要是用滑脂枪加注润滑脂。

## 二、操作技能

1. 操作内容

(1) 检查转向器、转向传动机构的工作状况和密封性，校紧各部螺栓。

(2) 检查变速器、主减速器的密封状况和操纵机构，清洁通气孔。

(3) 检查或更换传动轴防尘套。

(4) 清洁储气筒、安全阀。

(5) 调整空气压缩机带。

(6) 检查轮胎气压并进行轮胎补气。

(7) 检查汽车悬架工作状况并紧固各部螺栓。

(8) 检查车身、车架和安全带状况。

(9) 检查紧固制动管路。

(10) 检查前轮制动调整臂。

(11) 检查转向器、变速器、主减速器液面高度，不足时按要求补给。

(12) 检查制动液量和添加制动液并进行制动系放气。

(13) 使用油脂加注器加注润滑油脂。

2. 操作准备

(1) 汽车底盘总成。

(2) 钳子、弹簧秤、毛刷、清洁剂、扭力扳手、气泵、油管扳手、齿轮油、制动液、油脂加注器、润滑脂、举升器、常用工具。

3. 操作步骤

(1) 检查转向器、转向传动机构

1) 检查转向器

①转向盘与转向器是直接连接的，拉动转向盘，上下应无间隙，且转动灵活（转动扭矩一般应大于 0.8 N·m），否则应通过增减转向器上（下）盖内的调整垫片来进行调整。

②检查转向器润滑油油面，润滑油不足时予以补充。

③检查紧固转向器上的所有螺栓、螺母及转向器和车架的连接螺栓。紧固转向垂臂紧固螺栓。

2) 检查转向传动机构

①用十字轴万向节连接的转向传动机构（如东风 EQ1090 型汽车），应检查各万向节和滑动叉，无明显间隙时可不进行拆检，有明显间隙和严重磨损时须拆检十字轴万向节。

②用洗油清洗金属零件和轴承，再用压缩空气吹干。

③检查十字轴与轴承。十字轴与轴承不得有严重磨损，其配合间隙不得大于0.25 mm；检查传动轴，不得有裂纹，螺纹不得有损伤；检查万向节叉、滑动叉不得有裂纹和磨损。

④检查转向传动轴与万向节叉键槽的配合，不得有明显的松旷；检查转向柱管支架及紧固螺栓，不得有裂纹和松动。经检查有严重磨损、裂纹和变形的零件，应予更换。

⑤确认无误拧紧所有螺栓。

3）检查、调整转向盘自由转动量

①检查 检查转向盘自由转动量时，应使前轮处于直线行驶位置，装上转向盘自由转动量测量装置。将测量装置的指针夹持在转向盘上，带测力扳手的刻度盘束在转向盘轮缘上，如图3—8所示。向左转动转向盘至测力扳手指示力为10 N时，将测量装置指针调零，然后向右转动转向盘至指示力为10 N时，刻度盘上指针所划过的角度即为转向盘自由转动量。

②调整 转向盘自由转动量的调整，主要是检查与调整转向器，不同结构的转向器其调整方法不同。这里以循环球式转向器的调整为例予以说明。

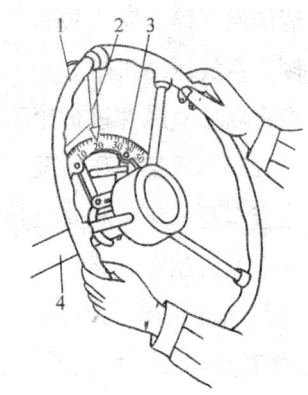

图3—8 转向盘自由转动量的检查
1—转向盘 2—指针
3—刻度盘 4—转向柱管

a. 首先做局部调整转动量，松开锁紧螺母，顺时针转动调整螺栓；使转向盘自由转动量符合规定，然后拧紧锁紧螺母。

b. 若经过局部调整后，转向盘自由转动量仍然很大，则应对转向器进行全面调整。

先松开锁紧螺母，反时针旋松调整螺栓。剔平锁片，松开锁紧螺母，顺时针方向缓慢转动调节螺母，直到转向螺杆轴止推轴承没有轴向间隙时，紧固螺母，锁好锁片。顺时针转动调整螺栓，使转向盘自由转动量符合规定，拧紧锁紧螺母。

(2) 检查变速器、主减速器

1) 变速器的维护

①拆下变速器放油螺塞，将润滑油放到专用容器后，将放油螺塞装复。

②变速器的检查与紧固

a. 将变速器手柄置于空挡位置，拆下变速器盖紧固螺栓，取下变速器盖（注意保护密封纸垫）。

b. 检查各齿轮啮合面有无不正常磨损、打毛、烧蚀和损伤。

c. 检查第二轴前后端固定螺母的紧固情况。检查时，前后撬动四、五挡齿毂，如有轴向间隙即为松动，应拆去第一轴或第二轴。

d. 检查壳体有无破裂、损伤，侧盖、轴承盖有无漏油。从变速箱外部和第二轴凸缘处查看第二轴后油封是否漏油，如漏油应取下凸缘，更换油封；如不漏油，可以不拆卸凸缘，只对凸缘螺母作紧固检查。

e. 检查变速拨叉有无变形，止动螺栓是否松动，锁定钢丝是否折断，检查变速导轨是否灵活可靠，变速杆球部和头部的磨损情况。

f. 检查变速器上盖垫片，该垫片不能破损，否则应更换。检查、疏通通气孔。

g. 检查紧固变速器与飞轮壳体的连接螺栓（或与车架连接螺栓），检查紧固变速器所有外露螺栓（螺母）。

③装复变速器上盖

a. 将变速杆置于空挡位置，放上密封垫，平顺盖合。

b. 在对称方向旋紧两只螺栓后，拨动变速杆，检查各排挡挂摘情况，确认没有问题后，对称均匀地紧固变速器盖所有紧固螺栓。

④加注变速器油　若决定换变速器油，则应用洗油冲洗齿轮、轴和壳体内部。加油方法与一级维护作业方法相同。检查变速器密封，不得有漏油现象。

2）主减速器的维护

①拧下差速器放油螺塞，将润滑油放到专用容器后，将放油螺塞装复。

②拆下后桥壳盖紧固螺栓，取下后桥壳盖并放置在专用放置架上。

③用洗油清洗后桥壳盖或用清洗机清洗后桥壳盖。

④检查调整主减速器和差速器。

a. 清洗检查

a) 清洁检查主减速器外部，不得有漏油现象，疏通通气孔。

b) 转动减速器被动齿轮，检查轮齿有无缺损、严重磨损、烧蚀现象。检查减速器壳内底部，有无较大的金属颗粒。如有异常现象，应查明原因，进行修复。

c) 检查紧固差速器壳固定螺栓，螺栓锁止装置必须齐全，锁止有效。

d) 固定减速器主动齿轮，使其不能转动，用磁性表座和支架固定百分表，将百分表量头垂直接触减速器被动齿轮的齿侧面，往复转动被动齿轮，测量减速器齿轮啮合间隙。齿轮啮合间隙超限时应予调整。

b. 调整

a) 差速器两端具有调整螺母的单级减速器，拆下调整螺母止动片固定螺栓，一端的调整螺母松（或紧）多少，另一端的调整螺母则应相应的紧（或松）多少，使减速器被动齿轮沿轴向产生位移，但差速器轴承的预紧度保持不变，以达到调整减速器齿轮啮合间隙的目的。

b) 对于双级减速器，可将减速器与后桥壳分离后进行检测。调整时将减速器被动圆锥齿轮两侧的轴承座下的垫片互相调整，即一侧轴承座下取出的垫片加到另一侧轴承座下，以达到调整啮合间隙，且轴承的预紧度不变之目的。

⑤目视检查后桥壳不得有弯曲和裂纹，轴管和桥壳配合不得松动。检查紧固后桥壳、减速器壳所有螺栓（螺母）。按规定扭矩检查紧固减速器主动圆锥齿轮前端凸缘螺母，装好开口销。装复从减速器拆下的零件。

⑥换用新密封垫，装复后桥壳盖，用注油器加足齿轮油。

(3) 检查传动轴防尘套

检查传动轴万向节防尘套的破损情况，传动轴万向节防尘套破损时，应拆检传动轴万向节。若万向节磨损，则应予以更换；若万向节脏污，则可更换防尘套。

(4) 检查储气筒、安全阀

清洁储气筒、安全阀，检查储气筒、安全阀各部分是否清洁、连接可靠、无漏气，安全阀工作是否正常、密封良好。

(5) 调整空气压缩机带

1) 松开空气压缩机底座支架上的 3 个固定螺栓，拧动调整螺栓调整带的松紧。顺时针拧动调整螺栓带变紧，反之带变松。

2) 带的松紧度符合技术要求后，拧紧固定螺栓。

(6) 检查轮胎

1) 检查紧固轮胎螺栓。紧固螺栓达到规定的力矩。

2) 检查轮胎气压

①拧下轮胎气嘴防尘帽，用轮胎气压表测量轮胎气压。轮胎气压应符合轮胎上的规定，轮胎气压通常标注在轮胎的侧壁上。气压不足，应进行补充；气压过高，应放出部分气体。

②检查完轮胎气压后，用唾液涂在气嘴上，查看是否漏气，若唾液涂在气嘴上有明显的气泡或抖动，则表示气嘴芯漏气，应拧紧或更换气嘴芯。最后，将气嘴的防尘帽拧上，以防脏物和水汽进入气嘴。

(7) 检查汽车悬架工作状况

1) 检查钢板弹簧

①钢板弹簧吊耳应不松动、无裂纹。

②钢板弹簧应无断片，片间错位不超过 2.5 mm，超过技术要求，应重新予以对正。

③最后紧固弹簧夹箍及弹簧销。

2) 检查减振器

减振器应无漏油现象，如存在漏油，可用专用扳手以 110 N·m 的力矩拧紧上盖，若漏油严重或感到汽车振动加剧,则应拆下减振器进行检查。注意:安装减振器时要牢固可靠。

(8) 检查车身、车架和安全带状况

1) 检查车身

①汽车外部车漆无脱落现象,无脏污,车体应周正,左右对称。

②驾驶室装置紧固,门锁链灵活无松旷,限动装置齐全有效。

③驾驶室门关闭牢固,门把、玻璃升降器工作正常。发动机罩锁扣有效。

2) 检查车架  车架无变形,纵、横梁无裂纹,铆钉无松动,拖车钩、备胎架齐全,无裂损变形,连接牢固。

3) 检查安全带  拉动安全带应有一定阻力;松开后能顺畅地回复。

(9) 检查紧固制动管路

1) 检查、紧固制动管路及各接头螺母,管路无漏气、裂纹、碰擦、凹瘪,固定牢靠。

2) 检查储气筒及固定情况,储气筒无明显损伤、漏气,支架固定牢靠。

3) 检查制动管路各部件,应无渗漏现象,密封良好。

(10) 检查调整前轮制动调整臂

1) 支起需要调整的车轮,拆下制动鼓检视孔盖。

2) 取下调整臂的防尘罩,推进锁止套,露出蜗杆轴的六方头。

3) 用扳手转动蜗杆轴,同时用手旋转制动鼓,从制动鼓检视孔中插入塞尺片,在蹄片两端 20~30 mm 处测量制动鼓与制动蹄摩擦片的间隙,应符合规定。

4) 调整完毕,退出锁止套,套上防尘罩。

(11) 检查变速器、转向器

1) 检查、更换变速器齿轮油

①拧下油位检查孔螺塞,检查油位是否达到规定油位,油位应不低于孔边 15 mm(伸入手指,一节手指应够到油面)。若油量不足,则应补充齿轮油,使油位达到规定值,并检查有无漏油现象。

②更换变速器齿轮油。应先起动车辆,使发动机运转一段时间或使汽车行驶一定距离,使变速器齿轮油升温。趁着齿轮油还处在温热状态时,拧下放油孔螺塞,放出齿轮油,再将放油螺塞拧牢固。然后加入符合要求的新齿轮油,直到齿轮油从油位检查孔向外溢出为止,最后装好检查孔螺塞。

2) 检查与更换驱动桥齿轮油

①拧下油位检查孔螺塞,检查油位是否离检查孔边 0~15 mm。若油量不足,则应补充齿轮油,直到齿轮油从油位检查孔向外溢出为止。

②更换驱动桥齿轮油。起动车辆行驶一段距离,使桥壳齿轮油生温,趁着齿轮油还处于

温热状态，拧下放油螺塞，放出齿轮油。放净齿轮油后，擦净螺塞并牢固拧回桥壳。然后拧下油位检查孔螺塞，加入新的齿轮油，直到齿轮油从油位检查孔向外溢出为止，最后装好检查孔螺塞。

3）检查、更换转向器齿轮油

①拧下油位检查孔螺塞，检查油位是否距检查孔边 0~10 mm。如果油量不足，应补充齿轮油，直到齿轮油从油位检查孔向外溢出为止。

②更换齿轮油，拧下放油螺塞，放出齿轮油。放净齿轮油后，将螺塞牢固拧回转向器壳。拧下油位检查孔螺塞，加入新齿轮油，直到齿轮油从油位检查孔向外溢出为止，最后装好检查孔螺塞。

(12) 检查制动液

1）释放旧制动液

①起动发动机并保持其怠速运转。

②拧下制动储液罐的加油口盖，拧松放气阀，连续踩下制动踏板，直到制动液不再流出为止。

③拧紧放气阀，向储液罐内加入足量的同种制动液。

2）排放液压管路内的空气

①排气时，应按由远及近的原则，按制动管路分布情况对各轮缸进行放气作业，由两人配合进行，一个人在驾驶室内连续踩动制动踏板，使踏板位置升高并保持踩下踏板不动。此时车下另一人拧松放气阀，使管路中的空气和制动液一同排出。

②当踏板位置降低时，立即拧紧放气阀，如此反复多次，直到塑料管内没有气泡排出为止。然后拧紧放气阀并装好防尘套，按上述方法依次对其他轮缸进行放气。

③在排气时应一边排除空气，一边检查和补充制动液，以免空气重新进入制动管路，直到空气完全排放干净为止，将储液罐的制动液补充到规定位置。

(13) 加注润滑油脂

1）用油脂加注器对准油嘴逐个加入润滑脂，直至所加注部位挤出新润滑脂为止。

2）加注完毕后，用棉纱清洁油嘴。

# 第二节　汽车底盘二级维护

> **学习目标**
> - 掌握二级维护的具体内容及操作。
> - 能够检查、调整转向盘自由转动量。
> - 能够检查、调整离合器踏板自由行程。
> - 能够测量和调整前轮前束及转向角。
> - 能够检查与调整制动踏板自由行程。
> - 能够进行轮胎的更换。

## 一、相关知识

1．手动变速器的结构与传动原理

变速器由变速传动机构和变速操纵机构两部分组成。

（1）变速传动机构　变速传动机构的功用主要是改变转矩的数值和方向。

1）二轴式变速器　如图3—9所示为二轴式变速器传动机构。其变速器主轴包括输入轴和输出轴，故称二轴式变速器。

①二轴式变速器的构造　变速传动机构主要由输入轴、输出轴、倒挡轴、齿轮组、同步器、支承轴承和变速器壳体组成。变速器共有4个前进挡和一个倒车挡。

变速器壳体与发动机缸体后端固定连接，其作用是支承输入轴、输出轴的两端。

输入轴前端插入发动机曲轴后端凸缘承孔中，中部通过滚针轴承由变速器前壳体支承，后端通过组合式轴承装在变速器后壳体上。其中，第一、二挡和倒挡主动齿轮与输入轴制成一体；第二、四挡主动齿轮借滚针轴承安装于轴上，在轴上可作自由转动。同时装有三、四挡同步器。

输出轴前端由变速器前壳体支承，后端借双列圆锥滚子轴承安装于后壳体上。输入轴和输出轴的轴向位置，均由两个后轴承、调整垫片、密封垫片及后盖控制。减速器主动锥齿轮与输出轴制成一体。第一、二挡从动齿轮借滚针轴承安装于输出轴上，可在轴上自由转动。第三、四挡从动齿轮与轴花键连接，以此传递动力。第一、二挡同步器安装于输出轴上，在同步器接合套上加工有倒挡从动齿轮。

倒挡轴压装于变速器后壳体上，倒挡惰论与轴周向活动配合。

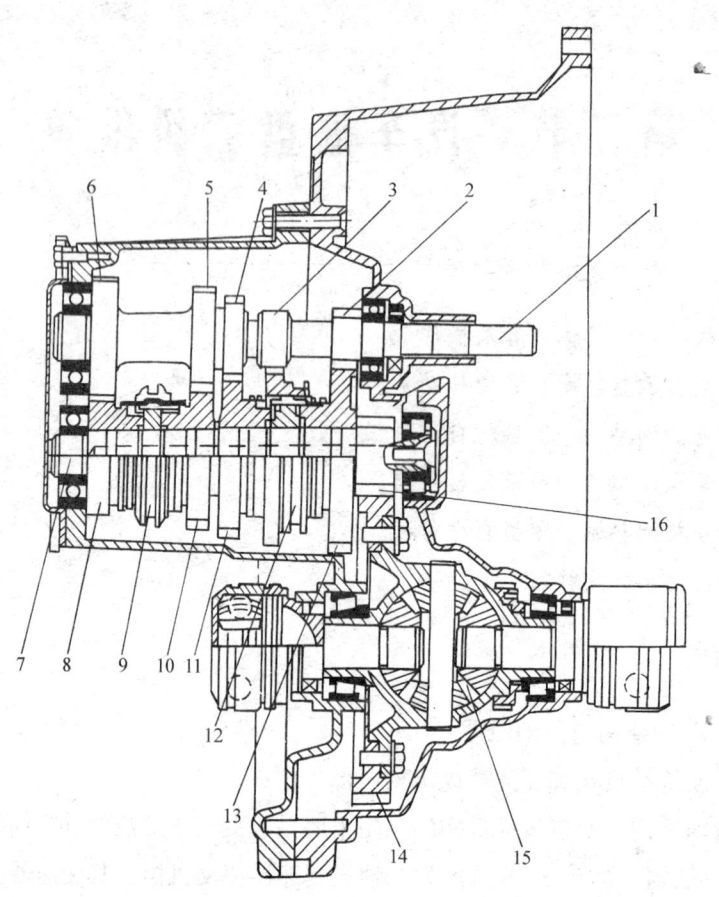

图 3—9 二轴式变速器传动机构

1—输入轴 2——挡主动齿轮 3—倒挡主动齿轮 4—二挡主动齿轮 5—三挡主动齿轮 6—四挡主动齿轮 7—输出轴 8—四挡从动齿轮 9—三、四挡同步器的接合套 10—三挡从动齿轮 11—二挡从动齿轮 12——、二挡同步器的接合套和倒挡从动齿轮 13——挡从动齿轮 14—主减速器从动齿轮 15—差速器 16—主减速器主动齿轮

②二轴式变速器工作情况 当接合套12向左或向右移动到与相应的接合齿圈接合时，便得到一挡或二挡；当接合套9向左或向右移动时，则挂上三挡或四挡。

当倒挡惰轮往前移时，同时与倒挡主、从动齿轮啮合，则挂上倒挡。

2）三轴式变速器 变速器主轴除输入轴和输出轴外，还设有中间轴，所以称为三轴式变速器。图3—10所示为东风EQ1092型汽车变速器传动机构，由变速器壳体和支承轴承、输入轴、输出轴、中间轴、倒挡轴、同步器及轴上的齿轮组成，具有5个前进挡和一个倒车挡，第五挡为直接挡。

①三轴式变速器的构造

a. 变速器壳体 壳体材料为灰铸铁，变速器输入轴、输出轴、中间轴、倒挡轴相互平

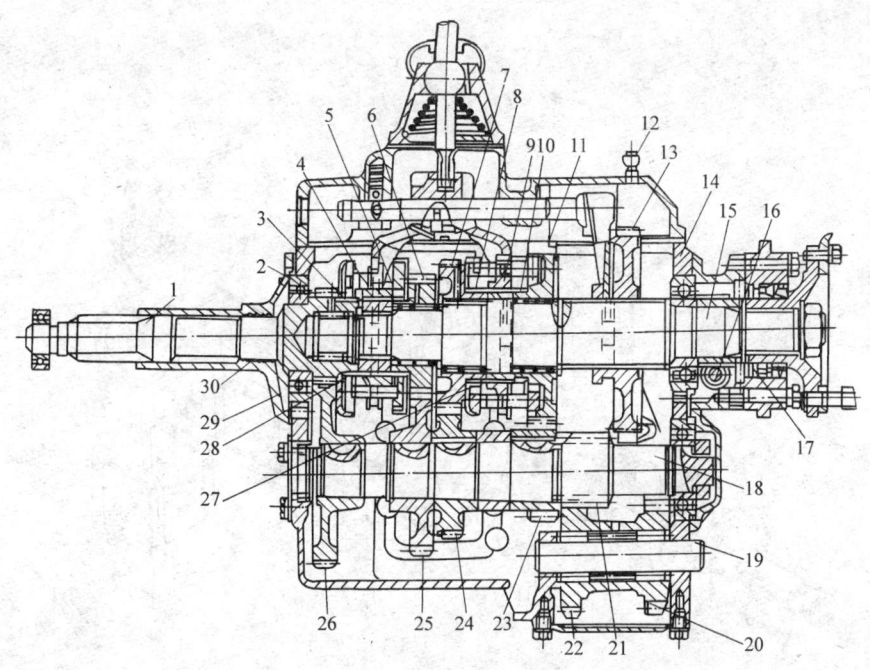

图 3—10 东风 EQ1092 型汽车变速器

1—第一轴 2—第一轴常啮合传动齿轮 3—第一轴齿轮接合齿圈 4、9—接合套 5—四挡齿轮接合齿圈 6—第二轴四挡齿轮 7—第二轴三挡齿轮 8—三挡齿轮接合齿圈 10—二挡齿轮接合齿圈 11—第二轴二挡齿轮 12—通气塞 13—第二轴一挡、倒挡滑动齿轮 14—变速器壳体 15—第二轴 16—车速里程表传动齿轮 17—中央制动器底座 18—中间轴 19—倒挡轴 20、22—倒挡中间齿轮 21—中间轴一挡、倒挡齿轮 23—中间轴二挡齿轮 24—中间轴三挡齿轮 25—中间轴四挡齿轮 26—中间轴常啮合传动齿轮 27、28—花键毂 29—第一轴轴承盖 30—轴承盖回油螺纹

行，安装于壳体上。变速器以壳体前端面上的 4 个螺栓固定于飞轮后端面上，其上开有加油孔和放油孔，变速器齿轮用规定齿轮油润滑。

b. 输入轴　输入轴的前端由曲轴后端承孔支承，后端由变速器壳体前壁支承。其主动齿轮与轴制成一体，后端短齿为直接挡齿圈。

变速器壳体和输入轴如图 3—11 所示。

c. 中间轴　如图 3—12 所示，中间轴前端由圆锥滚子轴承支承，后端由球轴承支承。一挡、倒挡长齿与轴制成一体。常啮齿轮和二挡、三挡、四挡齿轮均为斜齿轮，与中间轴用半圆键连接。

d. 输出轴　如图 3—13 所示，输出轴前、后端分别支承于输入轴后端孔内和壳体后壁上。一挡、倒挡齿轮与输出轴以矩形花键连接。二挡、三挡、四挡常啮齿轮由双列滚针轴承支承，两只同步器安装于其轴上。

e. 倒挡轴　两个倒挡齿轮借滚针轴承安装于轴上，其轴压装于壳体上，并由锁片锁止，

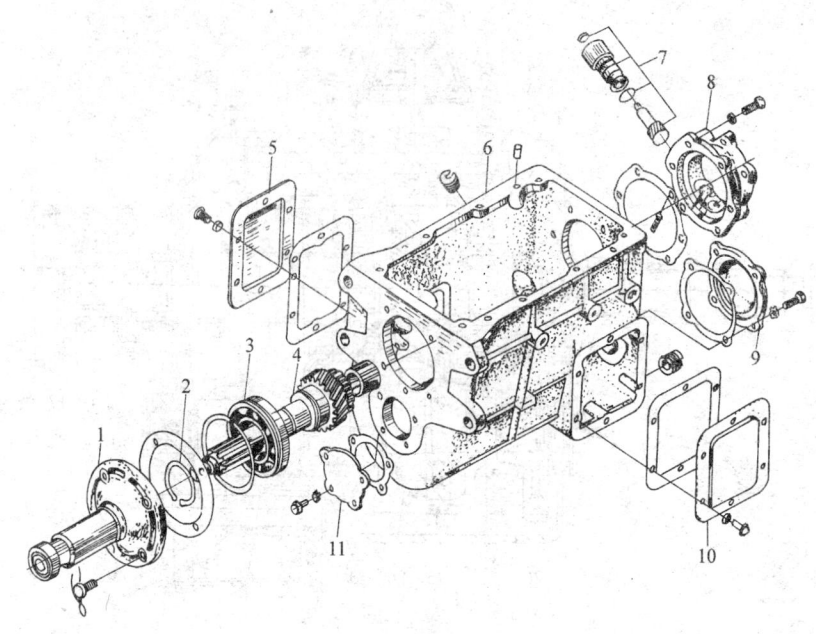

图3—11 变速器壳体和输入轴

1、9、11—轴承盖 2—卡环 3—轴承 4—输入轴 5、10—侧盖 6—变速器壳
7—里程表驱动机构 8—后轴承盖

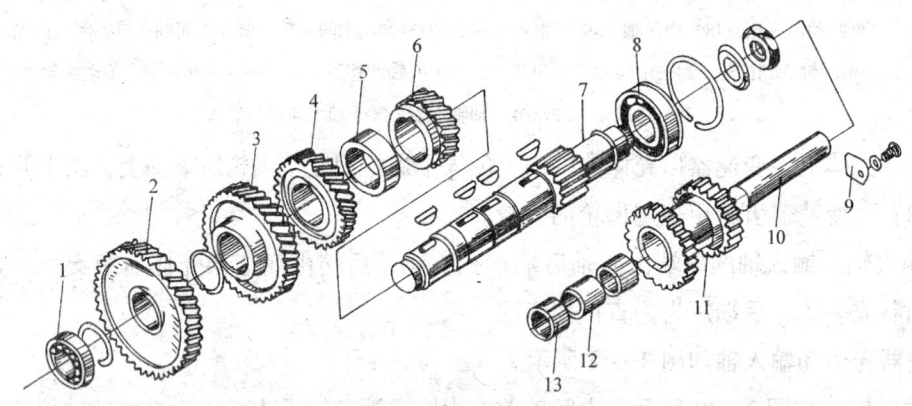

图3—12 中间轴和倒挡轴

1—前轴承 2—常啮齿轮 3—四挡齿轮 4—三挡齿轮 5、12—隔套 6—二挡齿轮
7—中间轴 8—后轴承 9—锁片 10—倒挡轴 11—倒挡齿轮 13—滚针轴承

如图3—12所示。

②三轴式变速器工作情况 东风EQ1092型汽车变速器传动机构各挡传力工作情况如图3—14所示。

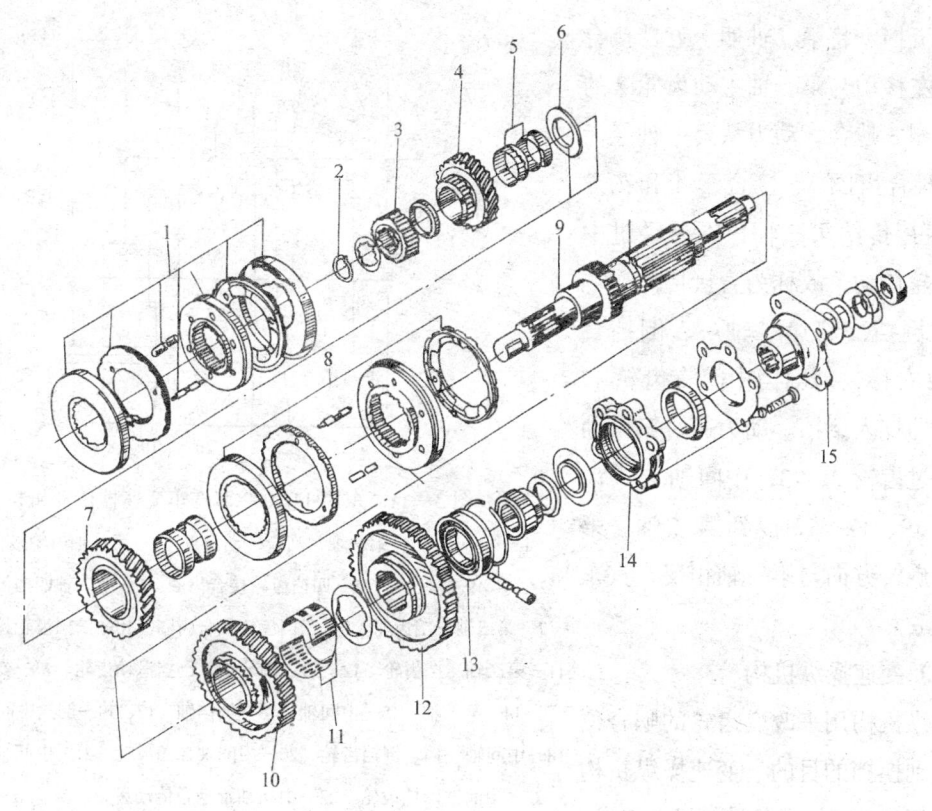

图 3—13 输出轴总成

1—四、五挡同步器 2—卡环 3—齿毂 4—四挡齿轮 5、11、13—轴承 6—止推垫圈 7—三挡齿轮
8—二、三挡同步器 9—输出轴 10—二挡齿轮 12—一挡齿轮 14—轴承盖 15—凸缘

a. 空挡 如图所示为空挡位置。第一轴 1 旋转，常啮合传动齿轮 2 带动中间轴 15 及其上的各齿轮旋转。由于第二轴二挡齿轮 11、三挡齿轮 7、四挡齿轮 6 都是空套在第二轴上，故第二轴不能被驱动。

b. 一挡 直齿轮 12 左移，与中间轴上的一挡直齿轮 18 啮合后，动力通过第一轴依次经齿轮 2、23，中间轴 15，齿轮 18、12，再通过花键传给第二轴 14。

c. 二挡 同步器接合套 9 右移，与二挡齿轮 11 的接合齿圈 10 啮合。动力通过第一轴依次经过齿轮 2、23，中间轴 15，齿轮 20、11，接合齿圈 10，接合套 9，花键毂 24 传给第二轴。

d. 三挡 同步器接合套 9 左移与接合齿圈 8 啮合，动力通过第一轴依次经过齿轮 2、23，中间轴 15，齿轮 21、7，接合齿圈 8，接合套 9，花键毂 24 传给第二轴。

e. 四挡 将第二轴四、五挡接合套 4 向右移动，与接合齿圈 5 啮合，动力通过第一轴依次经过齿轮 2、23，中间轴 15，齿轮 22、6，四挡齿轮接合齿圈 5，接合套 4，花键毂 25 传给第二轴。

f. 五挡　将第二轴四、五挡接合套4向左移动与第一轴主动齿轮2的接合齿圈3啮合，动力从第一轴经齿轮2、接合齿圈3、接合套4和花键毂25直接传给第二轴，不再经过中间轴齿轮传动，故称为直接挡。

g. 倒挡　将第二轴一、倒挡直齿轮12右移，与倒挡中间直齿轮17啮合，即挂入倒挡。动力通过第一轴依次经过齿轮2、23，中间轴15，齿轮18、19、17、12传到第二轴。第二轴的旋转方向与第一轴相反，汽车倒向行驶。

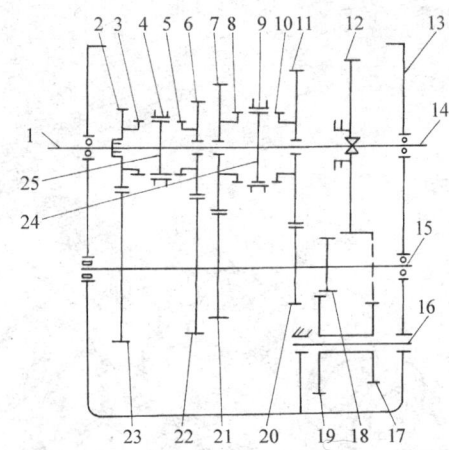

图3—14　东风EQ1092型汽车变速器传动机构

1—第一轴　2—第一轴常啮合传动齿轮　3—第一轴齿轮接合齿圈
4、9—接合套　5—四挡齿轮接合齿圈　6—第二轴四挡齿轮
7—第二轴三挡齿轮　8—三挡齿轮接合齿圈　10—二挡齿轮接合齿圈
11—第二轴二挡齿轮　12—第二轴一挡、倒挡滑动齿轮　13—变速器壳体
14—第二轴　15—中间轴　16—倒挡轴　17、19—倒挡中间齿轮
18—中间轴一挡、倒挡齿轮　20—中间轴二挡齿轮　21—中间轴三挡齿轮
22—中间轴四挡齿轮　23—中间轴常啮合传动齿轮　24、25—花键毂

(2) 变速操纵机构

操纵机构用来改变齿轮的啮合位置，达到换挡的目的。变速操纵机构由变速杆、拨叉、拨叉轴等机件组成，如图3—15所示。拨叉插入接合套（或滑动齿轮）的凹槽中，变速杆推动拨叉，使接合套（或滑动齿轮）移动，即可使齿轮啮合或分离。为了保证变速器的正常工作，变速操纵机构还设有自锁、互锁和倒挡锁等装置。

1) 自锁装置　用来防止变速器自动挂挡和自行脱挡，由自锁钢球和自锁弹簧组成。东风EQ1092型汽车变速器自锁装置如图3—16所示。在变速器盖前端凸起部3中钻有3个深孔，其位置在3根拨叉轴6的正上方。每根拨叉轴上有3个凹槽，中间的凹槽是空挡位置，中间凹槽至两边凹槽的距离正好等于滑动齿轮（或接合套）由空挡移至相应挡并保持全齿长啮合时的距离。当在空挡或在某一工作挡位的位置时，自锁钢球在自锁弹簧的压力下落入拨叉轴的槽中，将拨叉轴的轴向位置固定，从而防止自动挂挡和自行脱挡。

2) 互锁装置　用来防止变速器同时挂上两个挡，由互锁钢球和互锁销组成。互锁装置的工作情况如图3—17所示。每根拨叉轴朝向互锁钢球的侧表面上均开有一个深度相等的凹槽，两个互锁钢球的直径之和正好等于相邻两轴表面之间的距离加上一个凹槽的深度，互锁销的长度等于拨叉轴直径减去一个凹槽的深度。当变速器处于空挡时，所有拨叉轴的侧面凹槽同钢球、互锁销都在一条直线上，这时3根拨叉轴只可移动一根。当移动任何一根拨叉轴时，另两根拨叉轴就被锁在空挡位置上，从而防止了同时挂上两个挡。

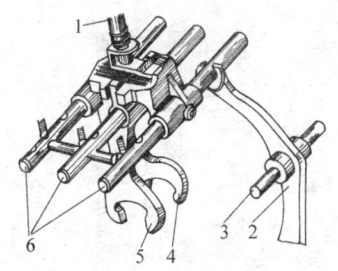

图3—15 变速操纵机构

1—变速杆 2—倒挡拨叉 3—导向杆
4——、二挡拨叉 5—三、四挡拨叉 6—拨叉轴

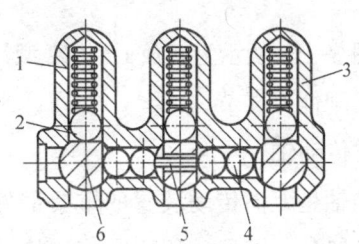

图3—16 东风EQ1092型汽车变速器自锁和互锁装置

1—自锁钢球 2—自锁弹簧 3—变速器盖
4—互锁钢球 5—互锁销 6—拨叉轴

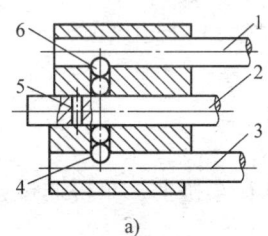
a)

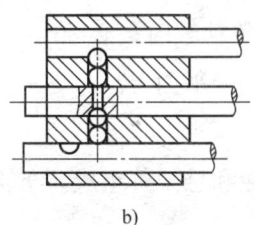
b)

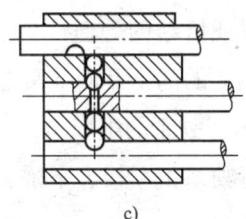
c)

图3—17 互锁装置工作示意图

a) 1、3拨叉轴锁止 b) 1、2拨叉轴锁止 c) 2、3拨叉轴锁止
1、2、3—拨叉轴 4、6—互锁钢球 5—互锁销

2. 万向传动装置的结构与工作过程

(1) 万向传动装置的作用

变速器一般与离合器、发动机连成一体固装在车架上，而驱动桥则通过弹性悬架与车架相连。因此，在汽车行驶中，不仅变速器输出轴与主减速输入轴之间夹角会发生变化，而且两轴间的距离也会发生变化，故在变速器与主减速器之间必须装有万向传动装置。

万向传动装置一般由万向节、传动轴和中间支承组成，如图3—18所示。

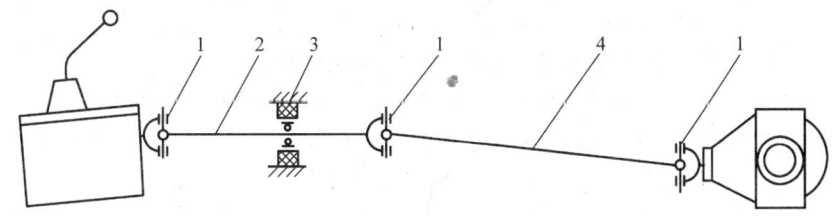

图3—18 东风EQ1092型汽车万向传动装置

1—万向节 2—中间传动轴 3—中间支承 4—主传动轴

(2) 万向节

目前，汽车传动系中用得最多的是十字轴式刚性万向节，它允许相邻两轴的最大交角为

15°~20°。

如图3—19所示为解放CA1092型汽车上所用的十字轴式刚性万向节。

(3) 传动轴

传动轴是万向传动装置的重要部件。载货汽车传动轴一般分为两段,用万向节连接并加装中间支承。如东风EQ1091、解放CA1092等型汽车传动轴都是如此。万向传动装置在工作中,传动轴应能适应长度的变化,通常是采用伸缩节来补偿。

为了保证传动的等速性,安装传动轴时,必须使主传动轴上的两个万向节叉处在同一平面上。

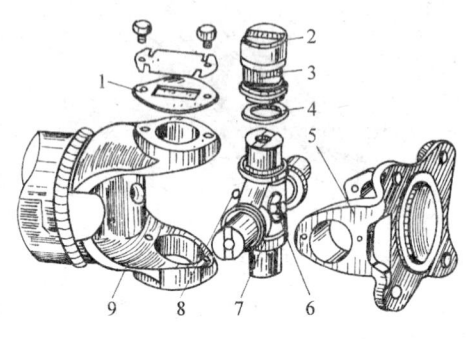

图3—19 解放CA1092型汽车刚性万向节
1—轴承盖 2—套筒 3—滚针
4—油封 5、9—万向节叉 6—安全阀
7—十字轴 8—注油嘴

3. 汽车行驶系的组成

汽车行驶系由车架、车桥、车轮和悬架等组成。车轮支承在车桥上,车桥通过悬架与车架相连接。

(1) 车架

汽车车架俗称大梁,它是整个汽车的基础,其上装有发动机、变速器、传动轴、前后桥、车身等总成和部件,并使它们保持正确的相对位置,如图3—20所示。

按照结构型式的不同,车架可分为边梁式和中梁式两种。

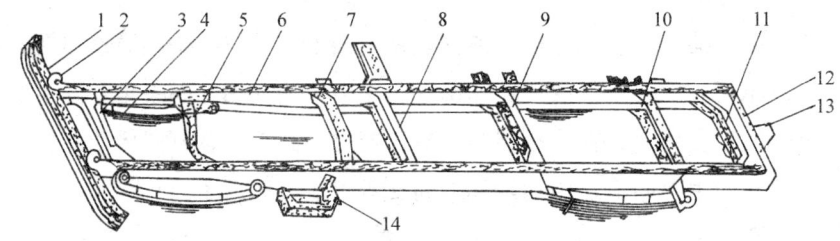

图3—20 东风EQ1092型汽车车架
1—保险杠 2—挂钩 3—前横梁 4—发动机前悬置横梁 5—发动机后悬置支架和横梁 6—纵梁
7—驾驶室后悬置横梁 8—第四横梁 9—后钢板弹簧前支架横梁 10—后钢板弹簧后支架横梁
11—角撑横梁组件 12—后横梁 13—挂钩部件 14—蓄电池托架

(2) 车桥

1) 车桥的功用及类型 汽车的车桥也称车轴。车桥通过悬架与车架相连,其两端安装车轮。车桥的功用是承受和传递地面与车架之间的作用力。

按车桥上车轮的功用不同,车桥分为转向桥、驱动桥、转向驱动桥和支持桥4种类型。

2) 转向桥 转向桥一般位于汽车的前部,因此也称前桥。其功用是利用转向节的摆转来实现汽车的转向，并承受地面与车架之间的垂直载荷、纵向力和横向力。

3) 转向驱动桥　越野汽车的前桥，负有转向和驱动两种任务，故称为转向驱动桥。它和一般的驱动桥一样，具有主减速器、差速器和半轴。其不同之处是，由于转向的需要，半轴被分为内、外两段，用等角速万向节连接起来；同时主销也因而做成上、下两段；转向节轴颈部分做成中空，以使外段半轴穿过其中。

4) 转向轮定位　为了使汽车保持稳定的直线行驶和转向轻便，并减少汽车在行驶中轮胎和转向机件的磨损，转向轮、转向节和前轴三者之间的安装，具有一定的相对位置。这种具有一定相对位置的安装，叫做转向轮定位，也称前轮定位。转向轮定位包括主销后倾、主销内倾、前轮外倾和前轮前束4部分。

①主销后倾　主销在前轴上安装时，上端略向后倾斜，使主销轴线与通过前轮中心的垂线间有一夹角 $\gamma$，这个夹角称为主销后倾角（见图3—21）。一般汽车的主销后倾角在3°以内。

主销后倾的目的，主要是为了保持汽车直线行驶的稳定性，当汽车转向后，有使前轮自动回正的作用。

主销后倾角一般由前钢板弹簧在车架上的安装位置来保证。

②主销内倾　主销在前轴上安装时，上端略向内倾斜一角度 $\beta$，这个角度称为主销内倾角，如图3—22a所示。

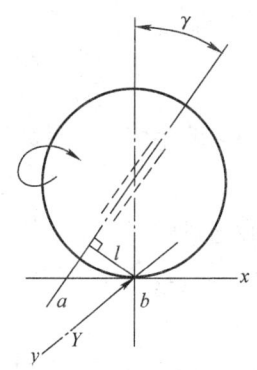

图3—21　主销后倾示意图

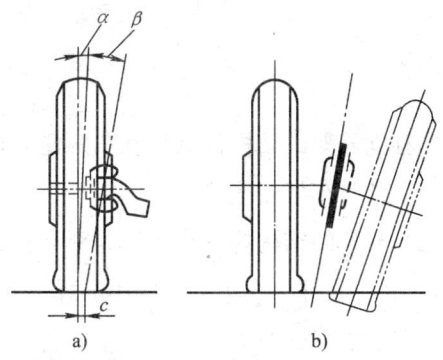

图3—22　主销内倾、前轮外倾示意图
a) 直线行驶时　b) 转向时

主销内倾的目的，也是为了保持汽车直线行驶的稳定性，并使转向轻便。

一般汽车的主销内倾角约为5°～8°，它是由前轴制造加工时使主销孔向内倾斜而获得的。

③前轮外倾　前轮安装后，其上端略向外倾斜，它的旋转平面与纵向垂直平面间形成一个夹角 $\alpha$，这个夹角称为前轮外倾角，如图3—22b所示。

前轮外倾的目的，是使车轮紧靠轮毂内轴承，减小外轴承及轮毂螺母的负荷，保证行驶的安全性。

前轮外倾角是由转向节的设计制造来保证的。它一般为1°左右。

④前轮前束　前轮安装后，两前轮的旋转平面不平行，前端略向内束，使两轮前端距离 $B$ 小于后端距离 $A$，其差值（$A-B$）即为前轮前束值，如图3—23所示。

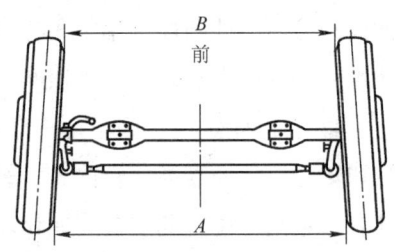

图3—23　前轮前束

(3) 悬架

1) 悬架的功用和类型　汽车悬架的功用是把车架和车桥弹性地连接起来，以吸收和缓和车轮在不平道路上所受的冲击和振动，并传递力和力矩。

悬架由弹性元件、导向装置和减振器3部分组成。

汽车的悬架可分为非独立悬架与独立悬架两大类，如图3—24所示。

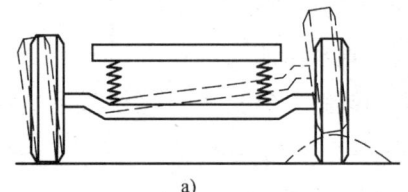 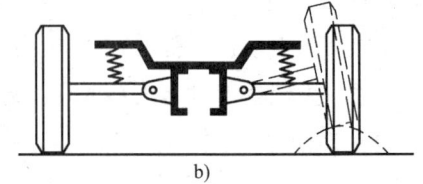

a)　　　　　　　　　　　b)

图3—24　汽车的悬架简图

a) 非独立悬架　b) 独立悬架

非独立悬架的结构特点是汽车两侧的车轮安装在一根整体式的车桥上，车桥则通过悬架的弹性元件与车架相连接。

独立悬架的结构特点是车桥为断开式的，每一边车轮单独通过弹簧与车架相连。

2) 弹性元件　汽车悬架所用的弹性元件有钢板弹簧、螺旋弹簧、扭杆弹簧、橡胶弹簧、空气弹簧、油气弹簧等。

一般载货汽车广泛采用钢板弹簧。钢板弹簧由若干片不等长的钢板叠合而成，如图3—25所示。钢板弹簧的中部U形螺栓与车桥刚性固定。钢板弹簧的第一片称为主片，是最长的一片，其两端弯成卷耳1，用销子与车架上的固定支架（或吊耳）作铰链连接。各片钢板用钢板夹2夹装在一起。

3) 减振器　汽车所用的减振器绝大部分为液力式，其工作原理是利用液体流动的阻力来消耗振动的能量。减振器与弹性元件的安装示意图如图3—26所示。

(4) 车轮与轮胎

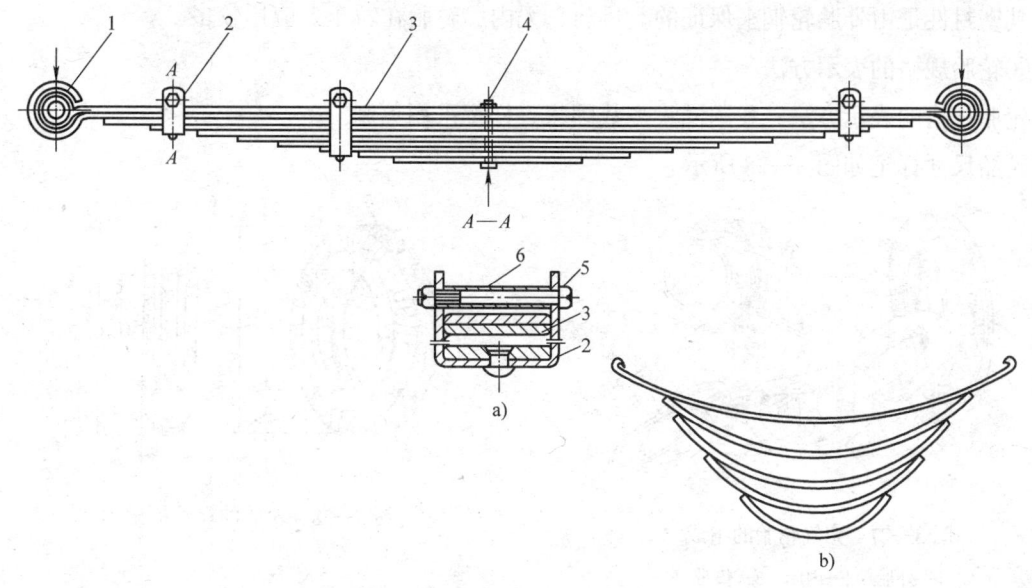

图 3—25 钢板弹簧

a) 装配后的钢板弹簧  b) 自由状态下的钢板弹簧

1—卷耳 2—钢板夹 3—钢板 4—中心螺栓 5—螺栓 6—套管

1) 车轮 车轮一般由轮毂、轮盘和轮辋组成。轮毂通过圆锥滚子轴承装在半轴套管或转向节轴上,轮辋用以安装轮胎,轮盘用来连接轮毂和轮辋。

2) 轮胎

①轮胎的功用和分类 轮胎的功用是支承汽车的总质量,缓和及部分地吸收汽车行驶时由于道路不平引起的振动和冲击;保证轮胎与路面间有良好的附着,以提高汽车的牵引性。

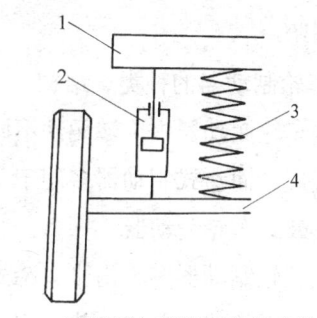

图 3—26 减振器与弹性元件的安装示意图

1—车架 2—减振器 3—弹性元件 4—车轴

汽车上多采用充气轮胎。根据充气轮胎内气压的不同,分为高压胎、低压胎和超低压胎。按组成结构不同,可分为有内胎轮胎和无内胎轮胎。按胎面花纹不同,可分为普通花纹轮胎、越野花纹轮胎和混合花纹轮胎。按胎体中帘线排列的方向不同,可分为普通斜线轮胎和子午线轮胎。

子午线轮胎与普通轮胎相比,具有耐磨性好、滚动阻力小、减振和附着性好、质量轻、承载能力大等优点,故应用日益广泛。

②充气轮胎组成 普通充气轮胎由外胎1、内胎2和垫带3组成,如图3—27所示。

无内胎轮胎与普通轮胎的外形近似,所不同的是它没有内胎和垫,空气直接充入外胎中，其密封性是由外胎轮辋来保证的。目前，无内胎轮胎在轿车上应用较多。

③轮胎规格的表示方法

轮胎规格的表示方法，我国同大多数国家一样都采用英制。

轮胎尺寸标记如图 3—28 所示。

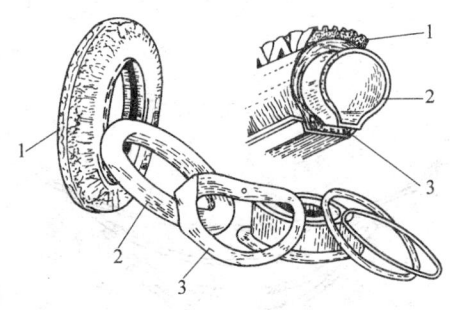

图 3—27 充气轮胎的组成
1—外胎 2—内胎 3—垫带

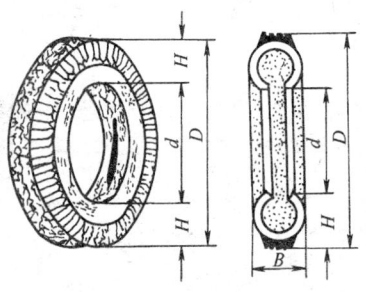

图 3—28 轮胎的尺寸标记

高压胎一般用 $D×B$ 表示。$D$ 为轮胎的名义外径，$B$ 为轮胎的断面宽度，单位均为英寸；"×"表示高压胎。

低压胎一般用 $B—d$ 表示。$B$ 为轮胎断面宽度，$d$ 为轮辋直径，单位均为英寸；"—"表示低压胎。

4. 车轮制动器的种类、结构

根据车轮制动器中旋转元件不同，车轮制动器可分为鼓式和盘式两大类。其中鼓式制动器应用较广，而盘式制动器多用于一些小汽车上。

(1) 鼓式车轮制动器

鼓式车轮制动器多为内张双蹄式。按制动时两制动蹄对制动鼓径向力的平衡情况可分为非平衡式、平衡式（单向助势、双向助势）和自动增力式 3 种具体结构。

1) 非平衡式制动器（见图 3—29） 制动鼓通过两个圆锥轴承固定在后桥的半轴套管轴颈上，能够自由转动。制动底板用螺栓固定在后驱动桥壳的凸缘上，其上部装有制动轮缸，下部装有两个偏心支承销。制动蹄下端圆孔活套在偏心支承销上。上端嵌入制动轮缸活塞凹槽中或顶靠在凸轮上，两制动蹄通过回位弹簧紧压住轮缸活塞或凸轮。

当踩下制动踏板时，具有一定压力的制动液压入轮缸，推动活塞（或气压推动偏心轮偏转）使两制动蹄压向制动鼓，使制动蹄和制动鼓产生摩擦力矩，以实现汽车的制动。松开踏板，在回位弹簧的作用下制动蹄被迫回位，制动液回流，从而制动解除。

制动蹄片与制动鼓间隙过小不易彻底解除制动，过大将使制动不灵。此间隙值一般上端（轮缸端）为 0.25 mm，下端（偏心支承销端）为 0.12 mm。

制动时，虽然两制动蹄的张力相等，但两制动蹄所受到制动鼓的法向力不相等，所以两

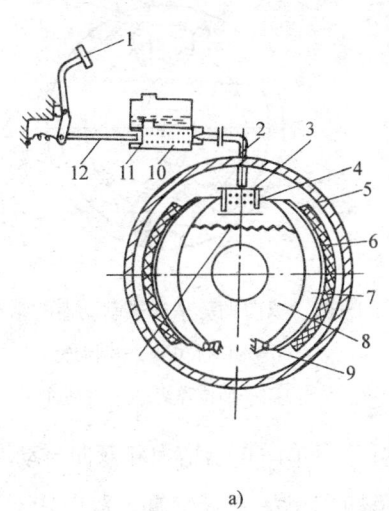 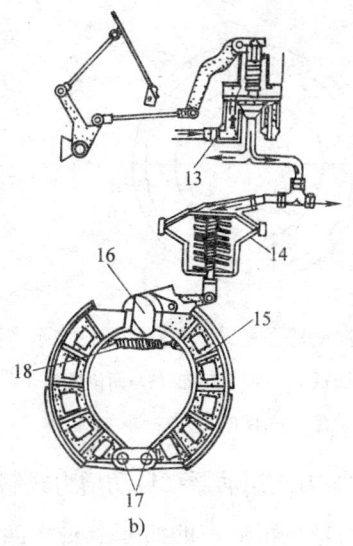

图 3—29 非平衡式制动器结构示意图
a) 液压制动系统 b) 气压制动系统

1—制动踏板 2—油管 3—制动轮缸 4—轮缸活塞 5—制动鼓 6—摩擦片 7—制动蹄 8—制动底板
9—偏心支承销 10—制动主缸 11—主缸活塞 12—推杆 13—制动控制阀 14—制动气室
15—制动蹄片 16—凸轮 17—支承销 18—回位弹簧

制动蹄对制动鼓的制动力矩不相等,故称这类制动器为不平衡制动器。制动受力情况如图 3—30 所示。

2) 平衡式制动器 将两个制动蹄均设计为助势蹄的制动器称为平衡式制动器。若只有前进制动时两蹄为助势蹄,倒车制动时两蹄均为减势蹄的称为单向助势平衡式车轮制动器;在前进和倒车制动时两蹄都为助势蹄的称为双向助势平衡式车轮制动器。

①单向助势平衡式车轮制动器 如图 3—31 所示,两制动蹄各用一个单向活塞制动轮缸,且前后制动蹄及其轮缸、调整凸轮等零件在制动底板上的布置是中心对称的,两轮缸用油管连接,其中的油压相等。这样前进制动时两蹄均为助势蹄,从而提高了前进制动时的制动效能,并使蹄片的磨损趋于相等。但倒车制动时两蹄均为减势蹄,导致倒车时的制动效能比前进时差很多。

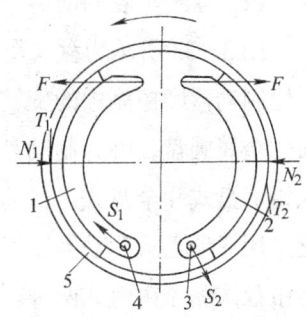

图 3—30 非平衡式制动器的
制动蹄受力示意图
1、2—制动蹄 3、4—支承销
5—制动鼓

②双向助势平衡式制动器 图 3—32 所示为双向助势平衡式车轮制动器的结构示意图。制动底板上的所有固定元件制动蹄、制动轮缸、回位弹簧等都是成对的,它们既按轴对称,又按中心对称布置。两制动蹄的两端都采用浮式支承,且支点的周向位置也是浮动的。

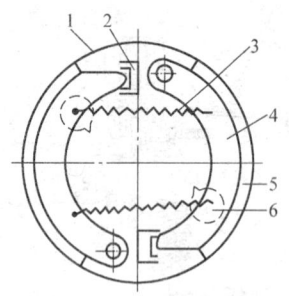 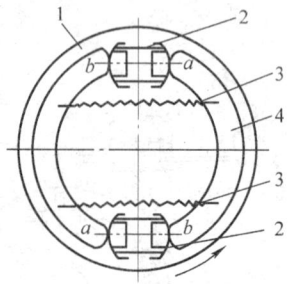

图 3—31　单向助势平衡式车轮制动器结构示意图
1—制动底板　2—制动轮缸　3—回位弹簧
4—制动蹄　5—摩擦片　6—调整凸轮

图 3—32　双向助势平衡式制动器的结构示意图
1—制动底板　2—制动轮缸
3—回位弹簧　4—制动蹄

3）自动增力式制动器　自动增力式制动器也可分为单向自动增力和双向自动增力两种，它们在结构上只是轮缸中的活塞数目不同而已，单向用单活塞式轮缸，双向用双活塞式轮缸。单向自动增力式只是在汽车前进时起自动增力作用，双向自动增力式是在前进和倒车制动时都起自动增力作用。

自动增力制动器的增力原理是将两制动蹄用顶杆浮动铰接代替固定的偏心销，利用前蹄的助势推动后蹄，使总的摩擦力矩得以增大，起到自动增力作用。

(2) 盘式车轮制动器

图 3—33 所示为盘式车轮制动器的结构。盘式车轮制动器摩擦副中的旋转元件是以端面为工作表面的金属圆盘，称为制动盘。其固定元件大体可分为钳形盘式和全盘式。目前各种轿车和轻型货车广泛采用钳形盘式制动器，钳形盘式制动器又可分为定钳盘式和浮钳盘式两种。

制动器中固定的摩擦元件是面积不大的制动块总成，一般有 2~4 块。这些制动块及其张开装置均装在横跨制动盘两侧的钳形支架中，称为制动钳。制动钳用螺钉固定在转向节上，并用调整垫片来控制制动钳与制动盘之间的相对位置。制动盘用螺钉固定在轮毂上。

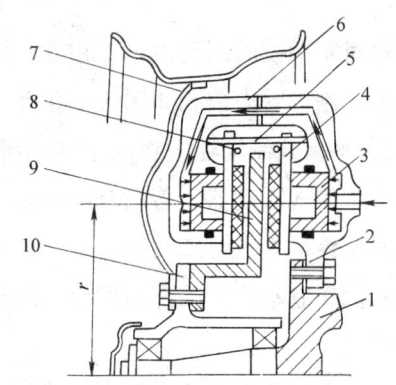

图 3—33　盘式车轮制动器
1—转向节或桥壳　2—调整垫片　3—活塞
4—制动块总成　5—导向支承销
6—钳形支架　7—轮盘　8—消音回位弹簧
9—制动盘　10—轮毂　$r$—制动盘摩擦半径

制动时，制动液被压入内外两侧油缸中，在液压作用下两活塞带动制动块作相向移动压紧制动盘，产生摩擦力矩，从而产生制动效应。

5. 液压制动系的工作过程

图3—34所示为汽车的液压制动系统，由制动踏板、推杆、制动总泵（主缸）、管路、制动分泵（轮缸）等部分组成。

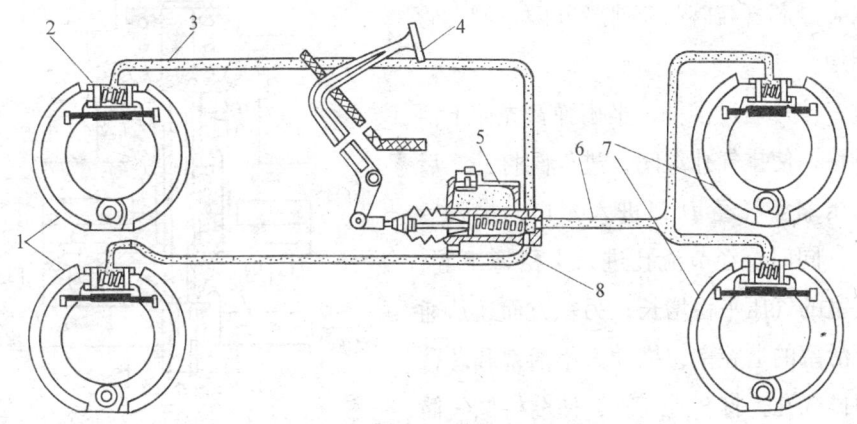

图3—34　单回路液压制动系示意图
1—前轮制动器　2—制动轮缸　3、6、8—油管
4—制动踏板　5—制动主缸　7—后轮制动器

踏下制动踏板时，总泵内的油液在活塞推动下被压出总泵，沿管路进入前、后分泵，推动分泵活塞向两侧撑开，将制动蹄压向制动鼓，产生制动力。在车轮制动器的间隙消除之前，管路中的油压升高较慢，但足以克服制动蹄回位弹簧的张力和管道阻力。在车轮制动器的间隙消除之后，管路中的油压升高较快，且随着踏板力的增加而继续增长，制动力随之增长，直到完全制动（制动鼓抱死）。放松制动踏板时，总泵内的活塞在弹簧作用下回位，油压降低。与此同时，车轮制动器的制动蹄也在弹簧作用下回位，分泵活塞将油液压回总泵，于是解除制动作用。制动力不足时，可连续踏下踏板，使总泵的油液更多地流入分泵，增加系统内油液的压强，从而提高制动力。

6. 气压制动系的工作过程

双管路气压制动传动装置是利用一个双腔制动控制阀，2～3个储气筒，组成两套彼此独立的管路，分别控制前后轮制动器。这样在一套管路发生故障时，另一套管路仍可保证制动可靠。

气源由空气压缩机产生后进入储气筒，经油水分离后，压缩空气进入前后轮储气筒。控制管路从双腔制动阀开始，当踩下制动踏板时，拉臂使制动控制阀开始工作，储气筒前腔的压缩空气便通过制动阀上腔进入后轮制动气室，使后轮制动，同时储气筒后腔的压缩空气通过制动阀下腔进入前轮制动气室，使前轮制动。

双腔串联活塞式制动控制阀的工作过程如图3—35所示。

不制动时，上下活塞和芯管组在回位弹簧作用下，处于腔室上端位置。两阀腔的进气阀门均处于关闭状态，芯管与阀门有排气间隙，制动管路与大气相通。

制动时，拉臂通过椎杆、平衡弹簧先使上活塞及芯管下移，使排气孔关闭，进气阀打开，后桥储气筒的压缩空气经 $D$ 口进入 $A$ 口，进入后轮制动气室。同时，经节流孔进入上活塞下腔，使上平衡气室的气压平稳增长；另一方面还从通气孔进入下活塞的上腔室，推动大小活塞和芯臂下移，关闭排气孔，打开进气阀，使前桥储气筒的压缩空气经 $E$ 口进入 $B$ 口，充入前轮制动气室。

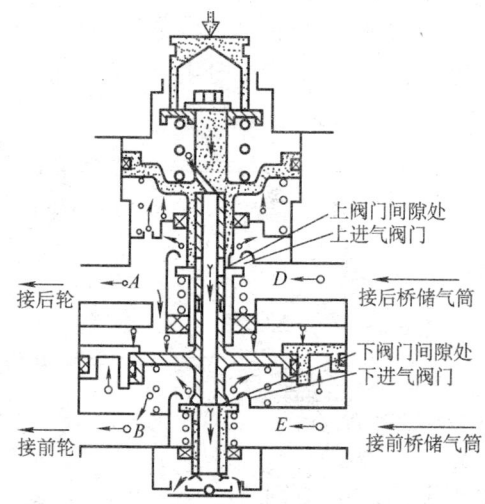

图 3—35 双腔串联活塞式制动控制阀的工作过程

当制动踏板踩下不动时，气体压力使活塞上移直至进气阀关闭，此时，排气孔未打开，上、下两阀均处于"双阀关闭"状态，制动力达一定值。制动力大小随踏板行程大小改变。

放松制动时，上芯管先上移，上进气阀关闭，上排气阀打开，后轮制动气室的压缩空气首先经芯管排出，随后因下活塞腔气压降低，下活塞与芯管向上，打开排气孔，前轮解除制动。这种制动控制阀的优点为当一条管路漏气时，另一条管路仍可正常工作，以保证制动的可靠性。

**7. 前轮前束及转向角、离合器踏板自由行程、制动踏板自由行程的含义与调整参数**

（1）前轮前束及转向角

1）前轮前束是指两前轮前端的距离比后端的距离小一些，这两个距离的差叫做前轮前束。

2）转向角是指汽车停放后方向盘在正中间位置，然后向左、右转动方向盘，转过的角度叫做转向角。东风汽车的转向角为 37°30′；解放汽车的转向角为 38°。

（2）离合器踏板自由行程

离合器踏板自由行程是离合器分离杠杆内端面与分离轴承之间的间隙在踏板上的反映。常用车型的离合器踏板自由行程为：解放 CA1092 型汽车为 30～40 mm；北京 BJ2020 型汽车为 32～40 mm。

（3）制动踏板自由行程

制动踏板自由行程是指制动踏板开始踏下到制动器开始作用时制动踏板所移动的垂直距离。解放和东风系列货车的制动踏板自由行程为 10～15 mm。

8. 离合器踏板自由行程检查、调整要点

离合器接合应平稳，分离应彻底，不发抖，不打滑。自由行程应符合技术要求。

9. 底盘二级维护作业内容

(1) 检查离合器片；检查分离轴承；检查分离杠杆，调整其与分离轴承之间的间隙；调整离合器踏板自由行程；润滑变速器第一轴前轴承和分离轴承。

(2) 检查转向节衬套与主销的配合松紧度；校紧主销横销螺栓。

(3) 检查前轮制动器调整臂的作用。

(4) 拆检前轮毂轴承、制动蹄、偏心销；清洗转向节、轴承、偏心销；清洁制动底板等零件；检查制动底板、制动凸轮轴，校紧装置螺栓；检查转向节及螺母、保险片及油封、转向节臂，校紧装置螺栓；检查内外轴承、制动蹄及支承销、制动蹄回位弹簧；检查前轮毂、制动鼓及轴承外座圈；校紧轮胎螺栓内螺母；装复前轮毂，调整前轮轴承松紧度及制动间隙。

(5) 检查转向器的工作状况及密封性，校紧装置螺栓；检查转向传动机构，校紧螺栓及横销螺栓。

(6) 解体横直拉杆，清洗检查各部件。

(7) 检查调整前束及转向角。

(8) 检查转向器齿轮油油面。

(9) 检查变速器润滑油油面；检查紧固变速器第二轴凸缘螺母；拆检清洗变速器通气塞。

(10) 检查传动轴万向节、中间轴承有无松旷；检查、紧固传动轴凸缘和中间支承 U 形支架。

(11) 拆下后桥壳盖，清除沉积物，检视减速器齿轮，校紧减速器壳连接螺栓螺母、差速器轴承盖螺母；检查调整主、被动圆锥齿轮的啮合间隙；检查校紧主动圆锥齿轮凸缘螺母；拆洗通气孔；加注齿轮油。

(12) 检查后轮制动器调整臂的作用。

(13) 拆下半轴、轮毂总成、制动蹄、支承销；清洗各零件及制动底板、半轴套管；检查制动底板、制动凸轮轴，校紧连接螺栓；检查后桥半轴套管、螺母及油封；检查内外轴承；检查制动蹄及支承销；检查制动蹄回位弹簧；检查后轮毂、制动鼓及轴承外座圈；检查紧固半轴螺栓；检查轮胎螺栓，校紧内螺母；检查半轴；装复后轮毂，调整制动间隙。

(14) 拆洗空气压缩机的空气滤清器，检查空气压缩机底座有无裂纹。

(15) 检查制动阀各管路接头是否漏气和紧固；检查制动气室；检查挂车阀、分离开关、连接接头和管路。

(16) 检查储气筒放水阀、安全阀、单向阀的工作情况；紧固储气筒连接部位。

(17) 检查紧固翼子板、发动机罩、前脸、挡泥板等。

(18) 检查驾驶室有无缺陷，紧固驾驶室连接部位；检查调整车门、玻璃升降器及止冲器。

(19) 检查、调整、紧固气动刮水器。

(20) 检查车厢，校紧各部螺栓。

(21) 检查车架铆钉，检查校紧车架保险杠，检查校紧前后拖车钩；检查校紧车架上各支架螺栓。

(22) 检查钢板弹簧吊耳；检查钢板弹簧；检查紧固钢板弹簧卡子和U形螺栓，检查紧固减振器固定螺栓及支架。

(23) 分解车轮，检查清洁挡圈及轮辋；检查内外胎。

(24) 检查备胎、补气；轮胎换位。

(25) 润滑水泵轴承、离合器与制动踏板轴、变速器第一轴前轴承、制动调整臂、传动轴十字轴轴承。润滑传动轴滑动叉、传动轴中间支承轴承、转向节上下轴承、前后钢板弹簧销、横直拉杆球销、转向传动轴滑动叉及十字轴轴承、前后制动凸轮轴、驻车制动蹄片轴。

10. 底盘二级维护作业技术要求

(1) 离合器维护技术要求

离合器踏板自由行程符合原厂规定。

(2) 变速器维护技术要求

1) 密封良好，通气孔畅通。变速器操纵灵活，无异响、跳挡、乱挡现象。

2) 拧紧变速器各部紧固螺栓。第二轴凸缘螺母拧紧时，扭紧力矩：解放 CA1092 型汽车为 196～245 N·m，东风 EQ1091 型汽车为 196 N·m。

3) 变速器油质、油面符合要求。

(3) 差速器维护技术要求

1) 各齿轮工作表面轻微剥落或点蚀面积不大于总面积的 25%，齿轮损伤不超过齿高的 1/3 和齿长的 1/5，数量不多于 3 齿。

2) 差速器壳连接螺栓螺母、差速器轴承盖紧固螺母、主动锥齿轮凸缘螺母扭紧力矩均符合原厂要求。

3) 主减速器各部件无异响；转动传动轴，凸缘应无摆动；通气孔畅通，工作正常，装置紧固。

(4) 前轮维护技术要求

1) 制动蹄片与制动鼓之间的间隙应符合规定，转动无碰擦现象或声响，检视孔挡板齐全。

2）轮毂转动灵活，用拉力计测量可转动，且无轴向间隙。

3）锁紧螺母按规定扭矩拧紧，保险可靠，防尘罩、衬垫完好，螺栓、垫圈、开口销齐全，紧固螺栓规格一致。

4）轮胎螺栓齐全完好，规格一致，按规定力矩拧紧。

（5）转向器、转向传动机构维护技术要求

1）转向盘自由转动量符合规定，转向轻便、灵活、无卡滞和漏油现象。常用国产汽车转向盘自由转动量见表3—1。

2）转向垂臂及转向节无弯曲及裂纹，所有螺栓连接可靠。

表3—1　　　　　　　　　常用国产汽车转向盘自由转动量

| 车型 | 中间位置转角 | 检查间隙里程（km） |
| --- | --- | --- |
| 解放 CA1092 | <15° | 45 000 |
| 东风 EQ1091 | 15°~30° | 6 000~8 000 |

（6）前束及转向角的调整技术要求

1）前束值与转向角符合原厂规定。

2）横拉杆两个接头应在同一平面内，螺栓紧固，锁止可靠。

（7）后轮维护的技术要求

1）制动蹄片、制动鼓面应清洁，无油污，开口销或卡簧齐全可靠。

2）制动蹄片与制动鼓之间的间隙符合规定，转动无碰擦现象或声响，检视孔挡板齐全紧固。

3）轮毂转动灵活，用拉力计测量可转动，且无轴向间隙。锁紧螺母按规定扭矩拧紧，衬垫完好，锁紧垫圈、螺栓垫圈齐全，紧固螺栓规格一致。

4）轮胎螺栓齐全完好，规格一致，按规定力矩拧紧。

11．轮胎换位操作技术要求

（1）轮胎换位不论采用哪一种方法，只能一用到底，不可中途改变，否则对轮胎磨损不利。

（2）换位后轮胎应按新的位置规定值充气。

（3）做好标记或记录，以便以后换位方便。

（4）翻新胎、有损伤的轮胎或磨损比较严重的轮胎不得装作前轮。

（5）车辆前后轮的轮胎帘线层数不同、轮胎的承载负荷不同时，不得随便换位。

（6）胎面花纹有方向性要求的，应按规定装好。

（7）如果轮胎有异常磨损，可在排除故障后提前换位。

12. 车轮制动器维护注意事项

(1) 制动器摩擦衬片、铆钉松动，表面严重烧蚀或铆钉头深度小于极限值时，应更换摩擦衬片。

(2) 制动蹄回位弹簧丧失弹性或超过标准长度的5%应予更换。为了保证制动平衡，同桥两边制动器的回位弹簧技术参数应一致。

(3) 装配支承销应使其偏心部位朝内靠边，此时两支承销外端面上的标记也应朝内相对。

(4) 注意保持制动蹄摩擦衬片的清洁，不要沾油污。

**二、操作技能**

1. 操作内容

(1) 进行前轮制动器的维护。

(2) 进行后轮制动器的维护。

(3) 检查、调整离合器踏板自由行程。

(4) 检查、调整前轮前束及转向角。

(5) 检查、调整制动踏板自由行程。

(6) 检查、调整驻车制动器自由行程。

(7) 更换轮胎或汽车轮胎换位。

2. 操作准备

(1) 汽车1台。

(2) 转向盘游隙测试仪、卷尺、塞尺、前束尺（前轮定位仪）、举升器、常用工具。

3. 操作步骤

(1) 进行前轮制动器的维护

1) 拆卸前轮轮毂、制动蹄、支承销；清洗转向节、轴承、支承销，清洁制动底板等零件。

2) 检查制动底板、制动凸轮轴，校紧紧固螺栓。

3) 检查转向节及螺母、保险片及油封、转向节臂，校紧紧固螺栓。

4) 检查内外轴承。

5) 检查制动蹄及支承销。

6) 检查制动蹄回位弹簧。

7) 检查前轮毂、制动鼓及轴承外座圈，校紧轮胎螺栓内螺母。

8) 装复前轮毂、调整前轮轴承松紧度及制动间隙。

(2) 进行后轮制动器的维护

1) 拆卸半轴、轮毂总成、制动蹄、支承销、清洗各零件及制动底板、半轴套管。

2) 检查制动底板、制动凸轮轴，校紧连接螺栓。

3) 检查后桥半轴套管螺纹、螺母及油封。

4) 检查内外轴承、制动蹄、支承销及制动蹄回位弹簧。

5) 检查后轮毂、制动鼓及轴承外座圈，检查扭紧半轴螺栓，检查轮胎螺栓，校紧内螺母。

6) 检查半轴。

7) 装复后轮毂，调整制动间隙。

(3) 检查、调整离合器踏板自由行程

1) 踏板自由行程的检查 如图3—36所示，将有刻度的直尺支在驾驶室地板上，首先测出踏板在完全放松时的高度，再用手轻轻推压踏板，当感觉阻力增大（即分离轴承端面与分离杠杆内端面刚刚接触）时，停止推压，测出踏板高度。前后两次测得的高度差即为离合器踏板自由行程的数值。

2) 离合器踏板自由行程的调整

①机构操纵式的离合器踏板自由行程的调整 如图3—37所示，先旋松锁紧螺母3，当自由行程太大时，须将调整螺母1旋入，使拉杆有效长度缩短；当自由行程太小时，须将调整螺母1旋出，使拉杆有效长度加长。调好后将锁紧螺母3拧紧。同时检查分离杠杆与分离轴承的间隙是否符合规定。

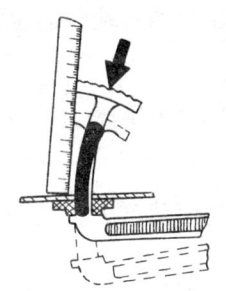

图3—36 踏板自由行程的检查

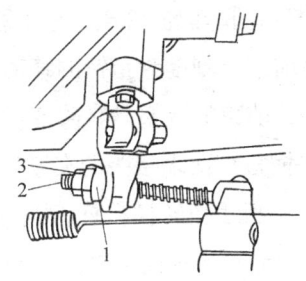

图3—37 离合器踏板自由行程的调整

1—调整螺母 2—分离拉杆 3—锁紧螺母

②液压式操纵的离合器踏板自由行程的调整 液压式操纵的离合器踏板自由行程是由主缸活塞与推杆间隙及分离杠杆内端面与分离轴承的间隙之和来保证。其调整方法如下：

a. 主缸活塞与推杆间隙的调整 根据结构的不同有两种方法：一种如北京BJ2020型汽车，主缸活塞与推杆间隙是用偏心螺栓进行调整。如图3—38所示，松开锁紧螺母3，转动偏心螺栓4，直到总泵推杆开始推动总泵活塞前，踏板有3~6 mm的自由行程（相当于间隙为 0.5~1 mm)，然后拧紧锁紧螺母。

另一种如跃进 NJ131A 型汽车等，是用转动推杆进行调整。拧松总泵推杆上的锁紧螺母，转动推杆直到推杆端部与活塞接触，然后把推杆往回转动约 3/4 圈，拧紧锁紧螺母。此时推杆与活塞的间隙约为 1 mm，反映到踏板上的自由行程约为 5 mm。

b. 分离杠杆与分离轴承间隙的调整　分离杠杆与分离轴承的间隙是靠改变分泵推杆的长度来进行调整。调整时，拧松推杆上的锁紧螺母，转动推杆改变其长度，达到规定标准后，使分离叉端的自由行程为 3~4 mm，拧紧锁紧螺母。

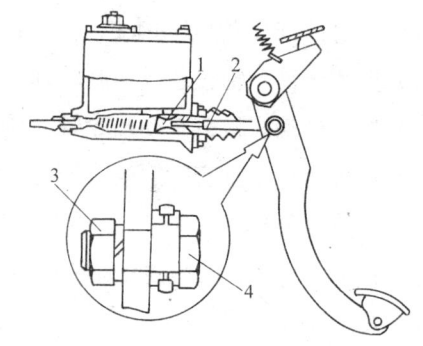

图 3—38　北京 BJ2020 型汽车离合器主缸活塞与推杆间隙的调整
1—活塞　2—推杆
3—锁紧螺母　4—偏心螺栓

(4) 检查调整前轮前束及转向角

1) 前束的检查和调整

①检查　检查前束时，要求轮胎气压、轮毂轴承松紧度及转向系各拉杆应符合技术要求，并将汽车停放在平地上。测量前束常用的仪具是指针式前束尺。其测量方法是：

a. 顶起前轴，使车轮处于平行、直线行驶位置。

b. 将前束尺安装在前轴后面两车轮内侧的中心位置，如图 3—39 所示。

c. 将前束尺两端调整到同一高度，调整刻度至零，拧紧锁紧螺钉。

d. 同时转动两车轮 180°，使前束尺在前轴前端的位置与在前轴后端时的位置处于相同的高度，由前束尺刻度盘指针的移动方向和距离读出前束值。

②调整　前束的调整是靠改变横拉杆长度来实现的，各种车辆的调整方法基本相同。

a. 拧松横拉杆两端接头的夹紧螺栓。

b. 用管子扳手扭转横拉杆，改变其长度。横拉杆伸长，前束值增大；横拉杆缩短，前束值减小，直到前束值符合规定。

c. 最后拧紧夹紧螺栓。

2) 前轮转向角的检查与调整

①检查

a. 将前轴架起，使前轮处于直线行驶位置，在右轮下面垫一块木板和一张白纸，如图 3—40 所示。

b. 用直尺紧靠轮胎外边缘，用铅笔在纸上画出与车轮平行的直线 $a$。

c. 把转向盘向右转到底，画出第二条直线 $b$。

d. 用万能角度尺测量直线 $a$ 和 $b$ 的夹角，即右轮的最大右转角。用同样的方法可以测

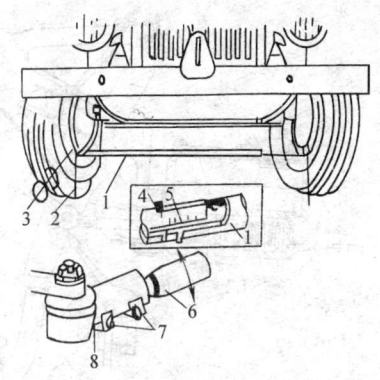
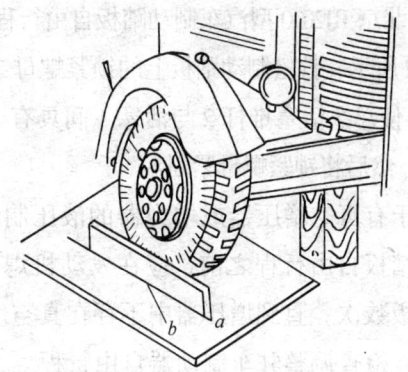

图 3—39 汽车前束的检查　　　　　　　　图 3—40 前轮最大转向角的检查

1—前束尺　2—链条　3—触头　4—紧固螺钉
5—指示针　6—横拉杆　7—夹紧螺栓　8—接头

量左轮的最大左转角。

②调整

a. 拧松转向节上车轮转向限位螺钉的锁紧螺母。

b. 将转向盘向左（或右）转到底，拧转车轮转向限位螺钉，到最大转向角符合规定为止。

c. 检查前轮前端外侧不应与轮罩相擦，后端内侧不应擦直拉杆（或前钢板弹簧），应保持 8～10 mm 距离为宜。

d. 锁紧车轮转向限位螺钉的锁紧螺母。

(5) 检查调整制动踏板自由行程

制动踏板自由行程的检查方法与离合器踏板自由行程的检查方法相同。

当踏板自由行程不符合规定时，应进行调整，其方法如下：

1) 跃进 NJ136 系列汽车制动踏板自由行程的调整　先检查制动踏板臂在回位弹簧作用下的所在位置。正常情况下，制动踏板中心面离地板的距离为 190 mm，然后拧松制动总泵推杆上传力叉端面的锁紧螺母 4（见图 3—41）；转动总泵推杆 3 使其球头与活塞 2 接触；然后反向转推杆 1.5～2.5 圈，使推杆与活塞具有 1.5～2.5 mm 的间隙，再拧紧锁紧螺母。

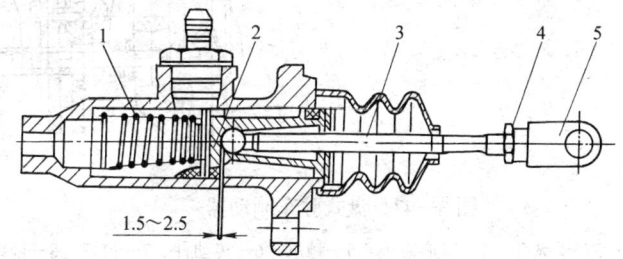

图 3—41 跃进 NJ136 系列汽车制动踏板自由行程的调整

1—总泵回位弹簧　2—总泵活塞　3—总泵推杆　4—锁紧螺母　5—传力叉

2) 北京 BJ2020 型汽车制动踏板自由行程的调整 如图 3—42 所示，拧松制动踏板上的锁紧螺母 3，转动偏心螺栓 4，使总泵活塞推杆 2 与活塞 1 间具有 1.2～2.0 mm 的间隙，然后将锁紧螺母紧固。

对于有真空增压器或增力器的液压制动系，在检查制动踏板自由行程之前，应在发动机熄火状态，踏制动踏板数次，直到增压器中不存在真空度为止。

(6) 检查调整驻车制动器自由行程

1) 盘式驻车制动器自由行程的调整，如图 3—43 所示。

①放松锁紧螺母 12 和 16，拧紧球头调整螺母 13 和调整螺钉 15，使蹄片 14 与制动盘 18 接触。

②脱开驻车制动传动杆 6。

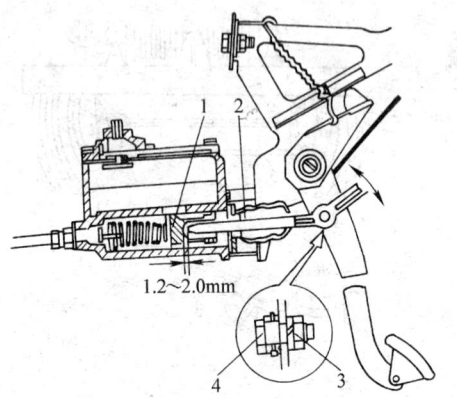

图 3—42 北京 BJ2020 型汽车制动踏板自由行程的调整
1—活塞　2—推杆
3—锁紧螺母　4—偏心螺栓

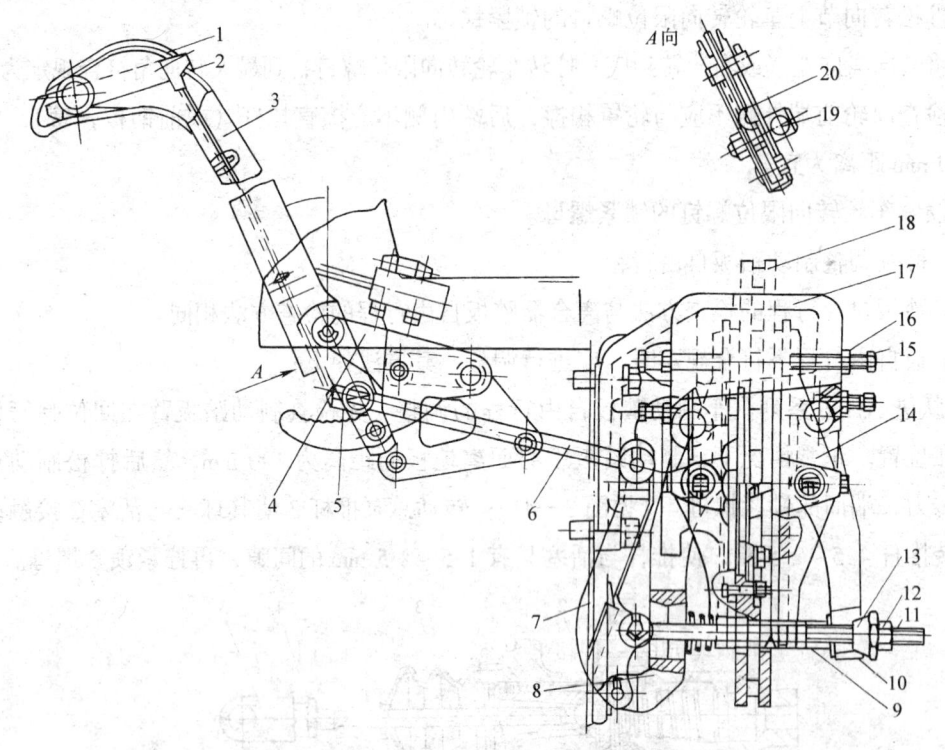

图 3—43 盘式驻车制动器
1—手柄弹簧　2—手柄　3—操纵杆　4—扇形齿板　5—棘爪　6—传动杆　7—拉臂　8—前蹄片臂　9—弹簧
10—后蹄片臂　11—拉杆　12、16—锁紧螺母　13—球头调整螺母　14—蹄片　15—调整螺钉
17—支架　18—制动盘　19—销轴　20—操纵拉杆

③拧松球头调整螺母13使蹄片离开制动盘18,调节调整螺钉15,使蹄片与转动的制动盘保持均匀的最小间隙,拧紧锁紧螺母16。

④将驻车制动操纵杆3放松到前面极限位置,调整传动杆6的长度,然后将传动杆6连接到蹄片操纵拉臂7上,在保持上述间隙的情况下,拧紧锁紧螺母12。

⑤仔细检查开口销及螺母的安装情况。

⑥当操纵杆3上的棘爪5在扇形齿板4上移动3~5个齿时,应能完全制动。

2)鼓式驻车制动器的调整(以东风EQ1092型汽车为例,见图3—44)

调整时,先将驻车制动操纵杆放松到前面极限位置,拧紧调整螺母6,自由行程减小。

若自由行程仍偏大,则需调整摇臂与凸轮的相互位置。其步骤为:

①先将驻车制动操纵杆放松至极限位置。

②卸下摇臂3端部的夹紧螺栓1,取下摇臂,并逆时针方向(从前向后看)错开一个或几个齿。

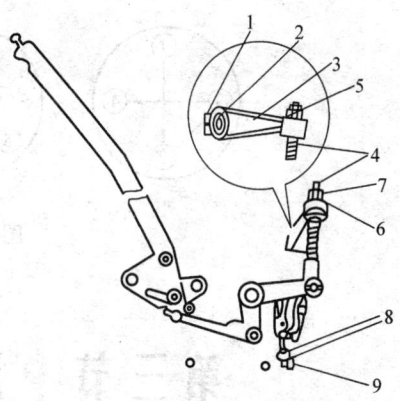

图3—44 鼓式驻车制动器的调整

1—夹紧螺栓 2—凸轮轴 3—摇臂
4—拉杆 5—调整垫 6—调整螺母
7、9—锁紧螺母 8—支承销

③重新调整拉杆的调整螺母,直到拉动驻车制动操纵杆应有3~5"响"的行程,操纵杆明显感觉吃劲有力,而且汽车能按技术要求停住为止。

④在操纵杆放松时,驻车制动蹄摩擦片应与驻车制动鼓之间保持适当间隙,不致摩擦而烧坏驻车制动摩擦片(用塞尺在驻车制动鼓观察孔处检查驻车制动蹄摩擦片与驻车制动鼓之间的间隙,应在0.2~0.4 mm范围之内)。

⑤最后用锁紧螺母7将拉杆调整螺母6锁紧。

上述调整只是在驻车制动蹄摩擦片磨损后,为了减小驻车制动蹄摩擦片与驻车制动鼓间的间隙而进行的局部调整。此时不应拧松驻车制动蹄支承销8的锁紧螺母9和变更驻车制动蹄支承销的位置,否则,有可能破坏驻车制动蹄摩擦片与驻车制动鼓的良好接触状态。

(7)更换轮胎或汽车轮胎换位

1)轮胎换位 为了使轮胎磨损均匀,在轮胎维修时应进行轮胎换位。轮胎换位的方法常用的有"循环换位"法(见图3—45a)和"交叉换位"法(见图3—45b)。

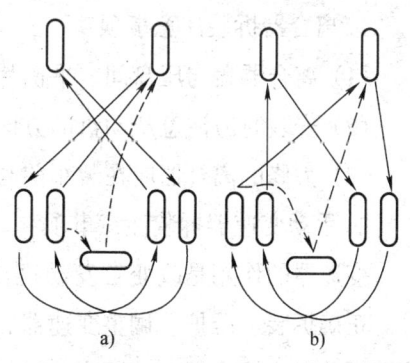

图3—45 轮胎换位

a)循环换位法 b)交叉换位法

2) 轮胎的安装 安装有向花纹轮胎时，应注意花纹方向标记；双胎并装时，应将里挡轮胎的车轮螺栓紧固后，再装外侧轮胎。两轮通风洞应对准，两胎气门嘴应按180°对称排列，并与制动鼓观察孔呈90°。紧固车轮螺母时，先均匀地拧一遍（不要拧紧），然后按图3—46所示的顺序按规定扭矩拧紧。

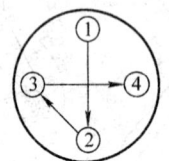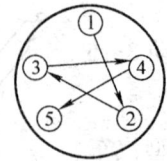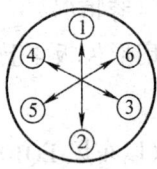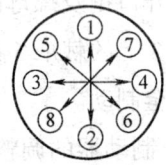

图3—46　车轮螺母拧紧顺序

# 第三节　汽车底盘的小修作业

**学习目标**

- 能够进行离合器的拆装，并根据情况更换部件。
- 能够进行变速器的拆装，并根据情况更换部件。
- 能够进行转向器的拆装，并根据情况更换部件。

## 一、相关知识

1. 离合器拆装注意事项

（1）离合器盖与压盘间、平衡片与压盘间、离合器盖与飞轮间的装配必须做记号。

（2）安装时应注意从动盘的方向。

（3）大修的离合器应在装车前与曲轴飞轮组一起进行平衡。

2. 手动变速器拆装注意事项

变速器的作用是改变自发动机传给驱动轮上的扭矩和转矩，以适应变化频繁的行驶条件。正确拆装、维护、调整变速器，能使其可靠地传递扭矩和转速，延长使用寿命。手动变速器拆装时要按合理工艺顺序分解、清洁、检查、润滑和装配，拆装时应注意零部件上的标记和配合要求。

3. 制动器拆装注意事项

(1) 拆装制动蹄回位弹簧时不可硬撬,可用钢丝自制一端带环的钩子,将钢丝钩子的环套在撬棒上,用钩子钩住回位弹簧端部的挂钩,利用杠杆原理将弹簧适度拉长进行拆装。

(2) 装配车轮制动器前,应对各个零部件清洗、检查,并在凸轮、凸轮轴颈及支承销等运动件摩擦表面上均匀涂上一层锂基润滑脂。

(3) 装配支承销应使其偏心部位朝内靠近,此时两支承销外端面上的标记也应朝内相对。

(4) 注意保持制动蹄摩擦衬片的清洁,不要沾油污。

4. 转向器拆装注意事项

(1) 转向器拆装时,首先将法兰套管和转向传动部件拆除。

(2) 更换紧固夹箍时要使用车用工具。

(3) 在重新安装转向齿条时,要用转向齿轮润滑脂润滑齿条。

(4) 紧固螺栓时,不要将转向齿轮弄弯,若转向齿轮需要修理,则应全部更新。

5. 转向桥拆装注意事项

转向桥的主要功用是承受地面与车架之间的垂直载荷、纵向力和横向力,并保证转向轮作正确的运动。转向桥主要由前轴、转向节、轮毂及制动器等组成。对转向桥的拆装要按合理的工艺顺序分解、清洁、检查、润滑、装配,拆装时应注意零部件的安装方向以及配合要求。

6. 更换钢板弹簧的注意事项与操作技术要求

1) 清洗干净各钢板弹簧,在片与片之间抹石墨润滑脂。

2) 左右钢板弹簧片总数相等,且总厚度差应不大于 5.0 mm,弧高差应不大于 10 mm。

3) 压紧的钢板弹簧在其中部各片应紧密贴合,且相邻两片在总接触长度 1/4 的长度内的间隙一般应不大于 1.2 mm。

4) 各片钢板弹簧的中心螺栓孔应对正,每片的横向位移不得超过主片 2.5 mm。夹子内侧与钢板弹簧之间应有 0.7~1.0 mm 间隙,夹子管套与钢板弹簧顶面距离为 1~3 mm。

7. 更换转向节的注意事项与操作要点

(1) 操作要点

首先拆制动软管及制动底板总成,然后拆下横拉杆总成,再拆装转向节 U 形螺栓、螺母,取下 U 形螺栓、减振器支架,将前轴慢慢放下即可推出转向节。若无专用小车,可在前轴下面放上垫木支承住前轴。拆卸完毕后,慢慢拆掉垫木,将前轴落地拉出来。

(2) 注意事项

1) 转向节内外轴承轴颈与轴承内圈的配合应符合规定。

2) 转向节上各部螺纹损伤规定不得超过 2 牙,转向节上装转向节臂的锥形孔磨损可用标准塞规插入检查。

3）转向节主销孔轴线对垂直形成的倾斜角度应符合规定。

8. 更换减振器的注意事项与操作要点

（1）操作要点

1）拆下前独立悬架。

2）为了能松开减振器，螺栓弹簧必须张紧。

3）柱塞杆用内六角扳手顶住，松开带槽螺母。

4）让弹簧慢慢松弛，然后取下。

5）安装前，检查防腐蚀弹簧保护漆的破坏情况，必要时要修补。

（2）注意事项

拆卸时用专用工具进行操作；紧固螺栓时力矩应符合规定。

9. 更换万向传动装置的注意事项

（1）装配传动轴总成时应注意两端的万向节叉位于同一平面内，同时应保证与传动轴两端通过万向节相连的两轴与传动轴的夹角相等。

（2）传动装置应装配齐全可靠，伸缩套处的油封除了防止花键内润滑脂外流外，还能防止湿气和尘土侵入。因此，传动轴上的防尘套应配备齐全，并用卡箍紧固。为了不影响传动轴的平衡，两只卡箍的锁扣应错开180°。

（3）油嘴方向应便于加注润滑脂，十字轴不可装反，油嘴必须朝向传动轴一方。有油嘴的中间支承轴承油封盖应装在支架的后面且油嘴朝下。

二、操作技能

1. 操作内容

（1）更换离合器从动盘、分离轴承等机件。

（2）更换手动变速器总成。

（3）检查与更换减振器。

（4）更换制动气室膜片、膜片弹簧。

（5）更换液压制动主缸、制动轮缸。

（6）更换钢板弹簧。

（7）更换转向节主销、止推轴承。

（8）更换万向传动装置、中间支承轴承。

（9）更换车轮制动器摩擦片。

2. 操作准备

(1) 汽车底盘总成。

(2) 减振器拆装专用工具、塞尺、撬棍、钳子、扭力扳手、常用工具。

3．操作步骤

(1) 更换离合器从动盘、分离轴承等机件

分解前应做出装配标记，以便装合时辨别，保持原有的平衡状态。分解时应用专用工具压紧拆卸。在拆卸变速器后，拆卸离合器盖和离合器盘；将每个螺栓稍微拧松一圈，直到弹簧所受的压力完全消失为止，以避免外壳变形；拆卸最后一个螺栓时，用手扶着离合器，慢慢旋出螺栓，取下离合器盖及从动盘等；最后从变速器上拆下分离轴承、轴承套和分离叉。

(2) 更换手动变速器总成

1）拧出放油螺塞，放净变速器内的齿轮油。

2）从驾驶室内拆除变速器操纵杆。

3）在传动轴凸缘叉和变速器第二轴凸缘上刻下装配标记，拆掉其连接螺栓，并使之分离。

4）拆下倒挡警报开关的电线接头。

5）拆下速度表软轴接头。

6）拆下离合器分离杠杆的锁紧及调整螺母，使踏板机构与分离叉拉臂分开。

7）拆下飞轮壳与离合器壳之间的连接螺栓，将变速器连同分离轴承座及驻车制动器总成一起平行后移，待第一轴从离合器中脱出后，摘掉回位弹簧，从第一轴轴承盖上取下分离轴承座总成，从变速器壳体上拆下离合器壳，拆除驻车制动操纵杆及有关拉臂。

(3) 检查与更换减振器

1）防尘罩及储油缸破裂、凹陷应予以焊修、校正或更换。

2）油封磨损严重、密封环失效应更换。

3）活塞杆弯曲变形应予以校正，磨损后圆度、圆柱度误差超过 0.10 mm 或杆端螺纹损伤超过 2 牙，应予以更换。

4）活塞及缸筒表面磨损使配合间隙大于 0.15 mm 或严重拉伤，应更换减振器总成。

5）各阀片磨损严重或变形，弹簧弹力减弱应更换。

(4) 更换制动气室膜片、膜片弹簧

1）分解膜片式制动气室，拆除旧的膜片、膜片弹簧。

2）装配时，将新弹簧套在推杆上，再把推杆插入壳的孔中，装回推杆叉。

3）放上新膜片，按记号合拢壳盖，应分两次均匀对称地扭紧螺母，以防膜片变形而漏气。

4）壳、盖螺栓紧固后，再将推杆叉拧紧至推杆螺纹的底部为止。

(5) 更换液压制动主缸、制动轮缸

1) 更换制动主缸

①拆下蓄电池接地线。

②拆下制动管道。

③不能让制动液洒在油漆表面，一旦洒到油漆表面，应立即擦净。

2) 更换制动轮缸

①从轮缸上卸下油管，拆下两个轮缸固定螺栓，从制动底板上卸下轮缸。注意：在轮缸装于制动底板上的情况下可分解或检查轮缸，所以除了需要更换轮缸总成一般不必从制动底板上卸下轮缸。

②安装轮缸，在制动底板与轮缸的安装面涂以密封胶，并用两个螺栓把轮缸安装到制动底板上。

(6) 更换钢板弹簧

1) 挂入低速挡位，拉紧驻车制动，用塞木将后车轮塞住，将车顶升至适当高度，并支稳车辆。

2) 拧下钢板弹簧 U 形螺栓上的螺母，拧下减振器固定螺栓与钢板弹簧托板分离。拆下钢板弹簧销固定螺栓，取出钢板弹簧销。

3) 抬下钢板弹簧总成，将其用台钳或专用夹具夹紧，拧中心螺栓、前后卡子螺栓，然后逐渐松开台钳或专用夹具，使各片钢板分开。

4) 把破裂的钢板弹簧片挑出，用钢丝刷刷去其余各片上的泥土、锈污，换上与破损弹簧规格一致的弹簧片，并在各片之间抹上石墨润滑脂。

5) 按原顺序将各片钢板弹簧片叠起，对正中心螺栓孔，装好中心螺栓。从背离轮胎的一侧装好前后卡子螺栓，将钢板弹簧总成装合。

6) 抬上钢板弹簧总成，使其对正吻合，以规定扭矩将钢板弹簧 U 形螺栓对称均匀地拧紧。按拆卸的相反顺序装复其他机件。

(7) 更换转向节主销、止推轴承

1) 拆下转向节主销

①首先把前轴架起并支承牢固，分别拆下前轴两端的车轮、轮毂轴承外边的锁紧螺母、锁片、锁紧垫圈、调整螺母、轮毂外轴承，取下轮毂。

②拆下直拉杆总成，分别拆下左右转向节臂球头销上的开口销、紧固螺母，取下横拉杆总成。

③分别拆卸左右转向节主销上的楔形销、主销上下盖板，用铜冲冲出主销，取下左右转向节、止推轴承及调整垫片。

2) 装配转向节主销

①把前轴支起架牢,先把左转向节、止推轴承、调整垫片装入前轴,从上边插入主销(使主销上的平面对准楔形销孔),转动转向节应灵活自如。

②用 0.15 mm 厚度的塞尺插入前轴上端面与转向节之间,此间隙应符合要求,若大于此值,应加垫片给予调整,反之减少垫片给予调整。

③调整合适后从前往后装入楔形销(如解放 CA1092 型),螺母以 54~69 N·m 力矩拧紧,然后装入主销的上、下盖板。固定螺栓以 35~45 N·m 力矩拧紧。

④转向节主销的配合面注入润滑脂,用相同方法装配、调整好前轴右转向节主销。

(8) 更换万向传动装置、中间支承轴承

1) 拆卸　拆卸传动轴应从后传动轴的后端开始,依次拆卸。

①拆下后桥上的凸缘连接螺栓,取下后传动轴后端,拆下中间传动轴上的凸缘连接螺栓,取下前端和后传动轴。

②旋松中间支承支架与车架横梁的连接螺栓,拆下中间支承的一端,拆下与驻车制动鼓连接的螺母,取下中间传动轴。

2) 分解万向节

①用卡簧钳取下弹性挡圈。

②左手把传动轴的一端抬起,右手拿锤子轻敲耳根部,将一个滚针轴承座振出。用同样方法将凸缘叉上的另一滚针轴承座振出,并把凸缘叉取下来。

③左手抓住十字轴,将传动轴一端抬起,右手拿锤子轻敲万向节叉耳根部,将一个滚针轴承座振出。用同样方法将万向节叉上的另一滚针轴承座振出,并把十字轴取下。

注意:把十字轴转到油嘴开挡大的位置,以防止油嘴撞坏。

3) 万向节的装复

①使十字轴上有记号的朝向套管一方,并和套管叉上的油嘴同相位,插入万向节叉耳孔内,把滚针轴承放入耳孔并套到十字轴轴颈上。

②用铜棒、锤子轻敲滚针轴承的底面,使轴承进入耳孔到位,用卡簧钳把挡圈装入叉子耳孔内的槽内。

③对准装配标记,把凸缘叉套到十字轴的另一对轴颈上。

④把滚针轴承放入凸缘叉耳孔,并套到十字轴颈上,用铜棒、锤子轻敲轴承进入耳孔到位。用卡簧钳把挡圈装入耳孔槽,注意一定要使整个厚度进入槽底,否则会在传动轴传动中弹出而发生轴承脱落的事故。

4) 安装

①安装传动轴应从前端开始,逐步往后安装,安装时应注意:润滑脂嘴应相对并在一条

直线上，两端的万向节叉在同一平面内。

②中间轴前端的润滑脂嘴朝后并和后传动轴上的两个润滑脂嘴在同一直线上，并使3个万向节在同一平面上。

(9) 更换车轮制动器摩擦片

1) 拆除旧摩擦片。用小于铆钉杆直径的钻头在台钻上从凹弧面开钻，钻穿旧铆钉，再用小于铆钉杆的圆冲将旧铆钉冲出。

2) 将制动蹄夹在台钳上，用锉刀锉去毛刺并用样板检查制动蹄的弧面形状，用角尺检查装支承销的部位，若产生扭曲变形，可以敲击校正。

3) 根据制动鼓镗削尺寸，选择相应厚度的摩擦片，注意同一轴上使用的摩擦片质量应相同，厚度应相等，以免摩擦系数不同而造成制动跑偏。

4) 将摩擦片用夹持器夹紧在制动蹄上；在台钻上用比制动蹄铆钉孔径大的钻头将摩擦片钻出铆钉孔，再用上端与铆钉帽大小相同，下端与铆钉杆一样粗细的锪孔钻头锪埋头孔，其铆钉埋头孔的深度为摩擦片厚度的2/3。

5) 铆合可在铆钉机上进行，也可用手工铆合，铆合应以中间向两端的顺序逐一铆紧。铆合后不得有裂纹、缺口，铆钉不得有偏斜和松动。最后摩擦片两端应用木锉刀锉成坡形。

# 第四章

# 诊断与排除汽车底盘故障

## 第一节 诊断与排除离合器故障

> **学习目标**
> - 能够诊断与排除离合器打滑故障。
> - 能够诊断与排除离合器分离不彻底故障。
> - 能够诊断与排除离合器发抖故障。

### 一、相关知识

1. 离合器打滑故障现象、原因

(1) 故障现象

1) 汽车起步时，完全放松离合器踏板，汽车仍不能行走。

2) 汽车加速时，车速和发动机转速不同步。

3) 汽车重载、上坡时打滑较明显，严重时可嗅到离合器摩擦片的焦臭味。

(2) 原因

1）离合器踏板自由行程过小或为零，使压盘处于半分离状态。
2）摩擦片磨损过薄，表面硬化、铆钉外露或摩擦片沾有油污。
3）压紧弹簧或膜片弹簧过软或折断。
4）离合器盖、飞轮连接螺栓松动。
5）离合器分离杆高度调整不当，其内端不在同一个平面上。
6）离合器压盘磨损过薄或变形。

2. 离合器分离不彻底故障现象、原因

（1）现象

1）汽车起步时，将离合器踏到底仍感到挂挡困难，或强行挂挡后，在未抬离合器踏板的情况下，车前移或熄火。
2）变速时挂挡困难或挂不进挡，变速器内发出齿轮撞击声。

（2）原因

1）离合器踏板自由行程过大。
2）分离杠杆内端不在同一水平面内，个别分离杠杆或调整螺钉折断。
3）离合器从动盘翘曲，铆钉松脱或更换的新摩擦片过厚。
4）双片离合器中间压板限位螺钉调整不当。
5）从动盘毂键槽与变速器第一轴键齿锈蚀或油污，造成移动发涩而引起离合器分离不开。
6）离合器片正、反面装错。

3. 离合器发抖故障现象、原因

（1）故障现象

在缓抬离合器踏板起步时，离合器仍不能平稳接合，汽车发动机抖动。

（2）原因

1）离合器分离轴承与导管之间锈蚀或有油污，分离轴承移动困难。
2）分离杆（或膜片弹簧）内端不在同一平面上。
3）离合器从动盘破裂、变形、有油污或铆钉外露。
4）从动盘花键孔与变速器输入轴花键齿磨损松旷，从动盘摇摆。
5）压盘弹簧弹力不均，个别弹簧变软或折断。
6）膜片式离合器膜片弹簧弹力不均。
7）扭转减振器弹力下降或失效。
8）飞轮或压盘端面翘曲不平或磨损起槽。
9）变速器与飞轮壳固定螺栓松动或发动机支承固定螺栓松动。

## 二、操作技能

1. 操作内容

（1）诊断、排除离合器打滑故障。

（2）诊断、排除离合器分离不彻底故障。

（3）诊断、排除离合器发抖故障。

2. 操作准备

（1）汽车底盘总成。

（2）汽车维修工具及设备。

3. 操作步骤

（1）诊断、排除离合器打滑故障

1）检查离合器踏板自由行程。如不符合要求，则应予以调整。

2）若自由行程符合要求，应拆下离合器底盖，检查离合器盖、飞轮连接螺钉是否松动，如有松动，则应予以紧固。

3）若离合器盖、飞轮连接无松动，再检查离合器分离杆内端高低。如不符合要求，则应调整分离杆的高度。

4）若经上述检查后仍然打滑，则应拆下离合器总成，检查离合器摩擦片。

①若摩擦片磨损过多变薄或铆钉外露，则应予以更换。

②若摩擦片有油污应用汽油清洗并烘干，然后找出油污来源，予以排除。

5）若摩擦片良好，则应分解离合器，检查压盘弹簧（或膜片弹簧）。若压盘弹簧变形或弹力过弱，则应予以更换。

6）检查离合器压盘或发动机飞轮表面的变形，若变形量过大，则应予以修理或更换。

（2）诊断、排除离合器分离不彻底故障

1）检查离合器踏板自由行程，若自由行程过大，则予以调整。

2）拆下离合器盖，检查分离杠杆内端高低是否一致。若不一致，则应予以调整。

3）对于双片离合器，应检查限位螺钉与中间压盘的间隙。若不符合要求，则予以调整。

4）对于膜片式离合器，应检查膜片弹簧内端是否过软、磨损过多或折断。若过软或折断，则应予以更换。

5）若属于新换摩擦片过厚，则可在离合器盖与飞轮间增加适当厚度的垫片予以调整。

6）上述检查无效，应将离合器拆下，检查从动盘是否装反。注意：从动盘装反，必须重新安装。

7）检查从动盘在变速器输入轴花键齿上移动是否灵活。

8) 上述检查仍无效,分解离合器总成,分别检查压盘弹簧、离合器压盘及发动机飞轮表面,予以修理或更换。

(3) 诊断、排除离合器发抖故障

1) 检查变速器与飞轮壳固定螺栓和发动机支承固定螺栓是否松动。如有松动则应紧固螺栓。

2) 连续踏抬离合器踏板,检查分离轴承移动是否灵活。若发涩,表明分离轴承与导管间锈蚀或有油污,则应进行清洁。

3) 分离轴承移动灵活,应拆下离合器底盖,检查分离杆内端高低是否一致。如不一致,则应予以调整。

4) 经上述检查调整后仍发抖,应将离合器拆下,检查离合器从动盘摩擦片及从动盘花键孔与变速器第一轴花键齿的配合情况,予以修理或更换。

5) 若离合器从动盘良好,则应分解离合器,分别检查压盘弹簧、扭转减振器弹簧的弹力、飞轮表面和压盘是否翘曲变形。如不符合要求,则应予以修理或更换。

# 第二节 诊断与排除手动变速器故障

> **学习目标**
> - 能够诊断与排除手动变速器漏油故障。
> - 能够诊断与排除变速器乱挡、换挡困难、自动脱挡等故障。

一、相关知识

1. 手动变速器漏油故障现象与原因

(1) 现象

变速器齿轮油从上盖、前后轴承盖或其他部位渗漏。

(2) 原因

1) 变速器第二轴后油封损坏。

2) 变速器各密封衬垫不良。

3) 变速叉轴两端油堵密封不良。

4) 第一轴后轴承盖回油螺纹积污过多或磨损变浅。

5）变速器外壳破裂。

6）加注齿轮油过多。

**2. 手动变速器乱挡故障现象与原因**

(1) 现象

1）在换挡时，挂不上所需要的挡位或挂上挡后不能移至空挡。

2）挂入的挡位与应该挂入的挡位不相符，汽车不能正常行驶。

3）一次同时挂入两个挡位。

(2) 原因

1）变速器操纵机构互锁装置损坏，不起作用。

2）变速器操纵杆弯曲变形，球头磨损过大，限位销松旷或折断。

3）变速器拨叉导块凹槽和变速器操纵杆下端的工作面磨损严重，使变速器操纵杆从两个导块之间滑出。

4）变速器第二轴前端滚针轴承烧结，使第一轴和第二轴连成一体。

5）同步器磨损或损坏，同步器锥环卡在锥面上。

**3. 手动变速器自动脱挡故障现象与原因**

(1) 现象

汽车行驶中，滑动齿轮脱离啮合位置，变速杆自动跳回空挡。跳挡一般是在发动机中高速运转、负荷突变或车辆剧烈振动时发生。

(2) 原因

1）操纵杆调整不当或弯曲变形。

2）变速叉磨损严重或变形。

3）锁止机构工作不可靠。

4）变速器轴、轴承严重磨损松旷或轴向间隙过大。

5）变速器轴线不同心或不平行。

6）变速器固定螺栓松动。

7）齿轮、齿圈、齿套的啮入端齿长方向形成锥形。

8）滑移齿轮键槽与花键毂花键齿磨损松旷。

9）同步器严重磨损或损坏。

**4. 手动变速器换挡困难故障现象与原因**

(1) 现象

离合器在工作良好的条件下，变速杆不能正常挂上挡位，或者勉强挂入挡位后又很难退挡，齿轮发响。

(2) 原因

1) 变速叉轴弯曲变形，端头严重"打毛"、严重锈蚀，造成变速叉轴移动困难。

2) 新换齿轮的牙齿端面倒角太小。

3) 变速器装配不良，各齿轮及轴的配合不符合技术标准。

## 二、操作技能

1. 操作内容

(1) 诊断、排除手动变速器漏油故障。

(2) 诊断、排除手动变速器乱挡故障。

(3) 诊断、排除手动变速器自动脱挡故障。

(4) 诊断、排除手动变速器换挡困难故障。

2. 操作准备

(1) 汽车 1 台。

(2) 汽车维修工具及设备。

3. 操作步骤

(1) 诊断、排除手动变速器漏油故障

1) 根据油迹部位来判断漏油原因。

2) 检查变速器油面高度。

3) 检查各轴轴承密封衬垫处是否有油迹。

(2) 诊断、排除手动变速器乱挡故障

1) 若变速杆能任意转动，表明其球头限位销磨短或脱落，或球面严重磨损，应予以修理或更换。

2) 变速器能同时挂入两个挡，第二轴卡住不转，应拆下变速器盖，检查和修理变速器互锁装置。

3) 不能挂入所需要的挡位，挂挡后不能脱回空挡，应拆下变速器操纵杆，检查操纵杆下端弧形工作面和拨叉导块凹槽磨损是否过大。若过大，应予以修理。

4) 只有直接挡和空挡能行驶，而其他挡均不能行驶，则拆下变速器检查第二轴前端滚针轴承是否烧结。如烧结，应予以更换。

(3) 诊断、排除手动变速器自动脱挡故障

1) 检查变速器与离合器壳固定螺栓是否松动。如松动，应予以紧固。

2) 如不松动，则应拆下变速器盖，检查齿轮、齿套是否磨损成锥形。检视滑动齿轮和第二轴花键的配合情况。

3）上述检查正常，再检视变速器操纵杆、拨叉是否磨损、变形。

4）拨叉和变速器操纵杆正常，则应检查叉轴自锁装置，其凹槽是否磨损严重。如磨损严重，则应予以更换。

5）上述检查均正常，应将变速器拆下解体，检查轴承是否松旷，如松旷，应更换。

6）检查齿轮的轴向间隙和径向间隙。如超过规定限度，应予以更换。

7）检查同步器是否散架，衬套和锥环是否磨损、破碎。

8）检查变速器第一轴与发动机曲轴的同轴度是否超限，如超限，更换第一轴前轴承。

(4) 诊断、排除手动变速器换挡困难故障

1）变速叉轴弯曲变形，应予调换，端头"打毛"可加工修复。若是锈蚀，视锈蚀程度，或除锈去污，或调换新件。

2）若新换齿轮的轮齿端面倒角太小，可进行加工修复。

3）变速器装配后，各齿轮与轴之间若配合不当，应按要求重新组装。

4）飞轮壳后平面与曲轴中心线不垂直，应予修整。

# 第三节　诊断与排除车轮与制动系统故障

**学习目标**

本单元与职业资格鉴定最密切相关的测试内容范围是：
- 能够诊断与排除轮毂过热、异响故障。
- 能够诊断与排除不正常制动、拖滞故障。

## 一、相关知识

1. 轮毂过热的现象、原因

(1) 现象

1）抬起制动踏板后，制动阀排气缓慢或不排气，不能立即解除制动。

2）没踩制动踏板，车轮就有制动作用，导致起步困难。

3）没有自由行程，行驶费力。

(2) 原因

1）制动踏板自由行程过小。

2) 排气阀调整不当。

3) 排气阀弹簧折断、卡住。

4) 检查制动气室推杆伸缩情况。

5) 检查制动蹄片与制动鼓的间隙。

6) 检查凸轮轴及制动蹄支承销的活动情况。

2. 轮毂异响的故障现象与原因

(1) 现象

汽车行驶时，个别车轮有异响。

(2) 原因

1) 轮毂轴承松旷。

2) 轮毂轴承外座圈与轮毂配合松动，检查轮毂。

3) 轮毂轴承与半轴套管配合处磨损过甚。

4) 半轴套管与后桥配合松动。

3. 制动传动装置引起的不正常制动、拖滞故障现象与原因

(1) 现象

1) 踏下制动踏板感到高而硬，踏不下去。汽车起步困难，行驶无力。当松抬加速踏板踏下离合器时，尚有制动感觉。

2) 汽车行驶一定里程后，用手触摸制动鼓感觉发热。

(2) 原因

1) 制动踏板自由行程过小或无自由行程。

2) 制动主缸皮碗发胀，复位弹簧过软，致使皮碗堵住旁通孔不能回油。

3) 制动轮缸皮碗发胀、老化、变形影响活塞运动。

4) 制动蹄摩擦片与制动鼓间隙过小，制动蹄复位弹簧过软、折断。

5) 制动蹄与制动蹄轴锈蚀，使制动蹄转动复位困难。

6) 制动管凹瘪、老化或油管内有污物堵塞，回油不畅。

4. 鼓式制动器机械故障引起的不正常制动、拖滞故障现象与原因

(1) 现象

车辆在行驶中未踏制动踏板时，全部或个别车轮的制动作用不能立即完全解除，造成异响、轮鼓发热，又间接造成蹄片的过早磨损，产生气阻、燃油增加、动力不足等现象。

(2) 原因

1) 摩擦衬片磨损过甚。

2) 摩擦衬片表面硬化或铆钉外露。

3) 制动鼓进水或摩擦片沾油。

5. 盘式制动器机械故障引起的不正常制动、拖滞故障现象与原因

(1) 现象

车辆在行驶中未踏制动踏板时，全部或个别车轮的制动作用不能立即完全解除，造成异响，又间接造成制动盘的过早磨损，产生气阻、燃油增加、动力不足等现象。

(2) 原因

1) 制动盘与摩擦片接触不良。

2) 制动盘变形。

3) 轮缸活塞移动不畅。

4) 制动钳变形。

5) 摩擦片表面有油污。

6) 制动盘与摩擦片磨损严重。

7) 制动盘摆动。

8) 制动管路有渗漏。

## 二、操作技能

1. 操作内容

(1) 诊断、排除轮毂过热的故障。

(2) 诊断、排除轮毂异响的故障。

(3) 诊断、排除制动传动装置引起的不正常制动、拖滞故障。

(4) 诊断、排除鼓式制动器机械故障引起的不正常制动、拖滞故障。

(5) 诊断、排除盘式制动器机械故障引起的不正常制动、拖滞故障。

2. 操作准备

(1) 汽车1台。

(2) 皮尺、撬棍、举升器、扭力扳手、常用工具。

3. 操作步骤

(1) 诊断、排除轮毂过热的故障

1) 全部制动毂发热

①踏下制动踏板后急速抬起。

②若制动灯不灭，则排气阀不能排气，说明自由行程过小或控制阀有故障。

③检测自由行程。

④检查控制阀。

2) 个别制动毂发热

①一人踩制动踏板，另一人观察该制动气室的推杆。

②不能回位，说明推杆伸出过长被卡住或气室弹簧折断。

③能够回位，检查制动毂和蹄片间隙以及回位弹簧。

(2) 诊断、排除轮毂异响的故障

举起车身，转动车轮，判断轮毂轴承有无异响。若由于磨损过甚导致轮毂轴承异响应更换新的轮毂轴承。

(3) 诊断、排除制动传动装置引起的不正常制动、拖滞故障

1) 汽车行驶一定里程后，用手触摸各制动鼓均感觉发热，表明故障在制动主缸；若个别制动鼓发热，则故障在车轮制动器。

2) 若故障在制动主缸，则应先检查后排除。

(4) 诊断、排除鼓式制动器机械故障引起的不正常制动、拖滞故障

1) 检查摩擦衬片是否磨损，如果磨损，调整或更换摩擦衬片。

2) 检查制动鼓内是否存有积水或油污，如有，则排除制动鼓内积水或清洁摩擦副表面。

(5) 诊断、排除盘式制动器机械故障引起的不正常制动、拖滞故障

1) 检查摩擦片与制动盘的接触情况是否良好，不好则进行修整。

2) 检查轮缸活塞是否良好，若存在问题应予以更换。

3) 检查摩擦片表面是否磨损或有油污，若存在以上问题则应进行清洁。

4) 检查制动钳工作是否良好，存在问题应进行修整。

5) 检查液压系统是否泄漏，如有则进行修整，添足液压油。

# 第五章 汽车电器设备维护

## 第一节 一级维护

**学习目标**
- 能够进行火花塞的检查与清洁和更换。
- 能够进行蓄电池的维护。
- 能够进行全车线路的检查。

### 一、相关知识

1. 蓄电池维护注意事项

(1) 蓄电池应轻搬轻放,不可歪斜,以防电解液流出。

(2) 检查电解液密度和液面高度时,不要将仪器提得过高,以免电解液滴溅在人体或其他物体上。

(3) 禁止将油料容器及各种金属物放在蓄电池壳体上。

(4) 在配制电解液时,应使用陶瓷或玻璃容器,将硫酸慢慢地倒入水中,绝对禁止将水倒入硫酸中。

2. 检查、清洁电器元件的注意事项

(1) 不许用汽油清洗电器元件，不能使汽油进入电路开关。

(2) 电器元件在检查清洁之前应将点火开关关闭，并卸下蓄电池连接导线。

(3) 电器元件应连接可靠。

(4) 拆卸蓄电池电缆时应先拆负极，再拆正极。安装时先装正极后装负极。

(5) 蓄电池接地极性必须与发电机接地极性一致。

3. 更换火花塞的注意事项

(1) 安装火花塞时慢慢用手拧上几圈，然后再用火花塞套筒拧紧。如果拧入费力，千万不能强行拧入，以免损坏螺纹孔。

(2) 火花塞的性能应良好，电极呈现灰白色，无积炭。

(3) 火花塞的间隙应在 0.7~0.9 mm 之间。

4. 电器设备一级维护作业内容与技术要求

(1) 检查蓄电池液面高度，补充蒸馏水。检查清除电桩及夹头氧化物。

(2) 蓄电池电解液液面应高出极板 10~15 mm，通风孔畅通，接头牢固。

(3) 检查灯光、仪表、信号装置。

(4) 灯光、仪表、喇叭、信号齐全有效。

## 二、操作技能

1. 操作内容

(1) 检查、清洁蓄电池，补充电解液。

(2) 检查、清洁发电机、起动机。

(3) 检查、清洁分电器、高压线。

(4) 检查、清洁或更换火花塞。

(5) 检查灯光、仪表、喇叭和刮水器。

(6) 检查全车电器线路连接状况。

2. 操作准备

(1) 汽车 1 台。

(2) 密度计、电解液、万用表、试灯、常用工具。

3. 操作步骤

(1) 检查、清洁蓄电池，补充电解液

1) 清洁蓄电池外部

①检查蓄电池及各桩柱导线夹头的固定情况，应无松动现象。

②检查蓄电池壳体应无开裂和损坏现象，极柱和夹头应无烧损现象，否则，应将蓄电池从车上拆下修复。

③擦净蓄电池外部灰尘，如果表面有电解液溢出，可用布块擦干。清除极柱桩头上的脏物和氧化物，擦净连接线外部及夹头，清除安装架上的脏污。疏通加液口盖通气孔，并将其清洗干净。安装时，在极柱和夹头上涂一薄层工业凡士林。

2) 检查蓄电池液面高度

①如图5—1所示，用一根内径6~8 mm、长约150 mm 的玻璃管，垂直插入加液口内，直至极板边缘为止。

②然后用拇指压紧管上口，用食指和无名指将玻璃管夹出，玻璃管中电解液的高度即为蓄电池内电解液高出极板的高度，约为10~15 mm。

③最后再将电解液放入原单格电池中。

3) 补充电解液　如果电解液液面过低时，应及时补充蒸馏水或市场上销售的电瓶补充液，

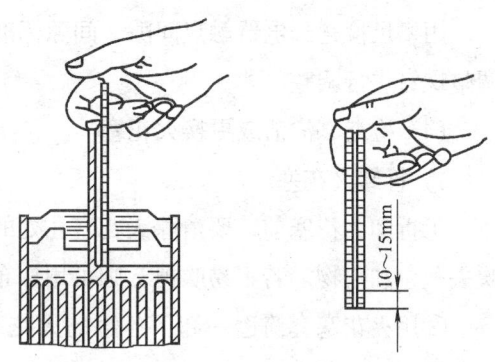

图5—1　检查蓄电池液面高度

禁止添加自来水、河水或井水，以免混入杂质造成自行放电的故障；禁止添加电解液，否则，会使电解液浓度增大而缩短蓄电池的使用寿命。

注意：电解液液面不能过高，以防充、放电过程中电解液外溢造成短路故障。调整液面之后应对蓄电池充电0.5 h以上，以便使加入的蒸馏水能够与原电解液混合均匀。否则，在冬季会使蓄电池内结冰。

(2) 检查、清洁发电机、起动机

1) 检查发电机的线路是否破损，安装接头是否牢固。

2) 清洁发电机的外部油污。

3) 检查发电机的带松紧度是否符合要求。

4) 检查发电机的带是否破损。

5) 检查发电机带轮是否安装牢固。

6) 检查起动机的线路是否破损，安装接头是否牢固。

7) 清洁起动机的外部油污。

(3) 检查、清洁分电器，调整触点间隙

1) 清洁分电器内部

①打开分电器盖的卡簧，卸下分电器盖。用抹布擦拭分电器盖的内外部，检查分电器盖

有无破损或龟裂的痕迹，分电器盖出现破损或龟裂现象必须更换。

②检查中央电极的炭棒及弹簧，用手或旋具轻压中央电极，松开时，电极应能弹回原位。中央电极的炭棒及弹簧如果损坏，应更换。

③用布擦净分火头，检查分火头有没有龟裂或破损，如果有龟裂或破损情况，应及时更换。

④当分电器盖装到分电器上时，要用卡簧固定住，并检查各缸高压线是否套牢。

2) 调整触点间隙

用塞尺检查分电器触点间隙，间隙标准值为 0.35~0.45 mm，如不符合，则通过其上的调整螺钉进行调整。

(4) 检查、清洁或更换火花塞

1) 拆卸火花塞

①拆卸火花塞前，要清除火花塞孔处的杂物和灰尘。火花塞孔处有灰尘和杂物，可用嘴吹去灰尘和杂物。若不易吹掉，则可用抹布和旋具进行清除。

②用火花塞套筒逐一卸下各缸的火花塞。拆卸时，火花塞套筒要确实套牢火花塞，否则，会损坏火花塞的绝缘磁体而引起漏电。为了稳妥，可用一只手扶住火花塞套筒并轻压套筒，另一只手转动套筒，卸下的火花塞应按顺序排好。

2) 检查火花塞状态

①逐一检查火花塞，火花塞的电极呈现灰白色，且没有积炭，表明该火花塞工作正常，燃烧良好；如果电极严重烧蚀或有积炭，甚至有污迹或其他异常现象，则表明该火花塞有故障，应予更换。

②检查火花塞的绝缘体，如有油污和积炭应清洗干净。磁心如有损坏、破裂，应予更换。清除积炭时，最好使用火花塞清洁器进行清洁，不要用火焰烧烤。

3) 检查、调整火花塞电极间隙

①用火花塞量规测量火花塞电极间隙，火花塞间隙太大时，可用旋具柄轻轻敲打外电极来调整；间隙过小时，可用一字旋具插入电极之间，扳动一字旋具把间隙调整到符合要求为止。注意：调整间隙时，只能弯动旁电极，不能弯动中央电极，以免损坏绝缘体。

②火花塞间隙调整好后，外电极与中央电极应略成直角，如过度弯曲或电极烧蚀成圆形，则表示该火花塞不能再使用，应予更换。

4) 安装火花塞　安装火花塞时，首先用手抓住火花塞的尾部，对准火花塞孔，慢慢用手拧上几圈，然后再用火花塞套筒拧紧。如果用手拧入有困难或费力，应把火花塞取下来，再试一次，千万不要勉强拧入，以免损坏螺纹孔。为使安装顺利，可以在火花塞螺纹上涂抹一点润滑油。

(5) 检查灯光、仪表、喇叭和刮水器

1) 检查灯光、信号和线束

①检查、调整灯光和信号显示装置,发现有损坏现象,及时修复。

②检查、紧固全车线路。

③检查全车线路接头,要求干净、整齐、连接可靠。

④检查全车线路的绝缘层。如有破损,可用胶布包裹好,破损较多的导线,应予以更换。

⑤检查全车线束固定情况。卡子应齐全,固定可靠,无松动。

2) 检查报警信号

检查各报警信号灯、传感器及连线,均应完好无损,发现损坏或显示异常应及时修理,以确保行车安全。

3) 检查全车灯光情况　两个人配合检查前照灯、转向灯、示宽灯、制动灯等灯光装置。检查时,先打开灯光开关,依次检查全车各部位的灯光,踩下制动踏板查看制动灯情况。发现不亮现象应予以排除。常见的灯光不亮故障多为灯泡烧毁或熔丝烧断所致,更换灯泡或熔丝即可排除故障。

(6) 检查全车电器线路连接状况

1) 检查全车灯光情况,如果发现损坏,应及时修复。

2) 检查紧固全车线路。

3) 检查全车线路接头,要求干净、整齐、连接可靠。

4) 检查全车线路的绝缘层。如果发现破损,可用胶布包裹好,破损较多的导线,应予以更换。

5) 检查全车线束固定情况。卡子应齐全,固定可靠,无松动。

6) 检查报警信号。各报警信号灯、传感器及连线应完好无损,如果发现损坏,应及时修理。

# 第二节 二级维护

> **学习目标**
> - 掌握汽车电气二级维护内容及操作步骤。
> - 能够检查与调整分电器间隙。
> - 能够检查、调整点火正时。

## 一、相关知识

1. 电器设备二级维护作业内容

(1) 清洁蓄电池表面及极桩,在接线头上涂润滑脂,检查电解液密度,根据情况加注蒸馏水。

(2) 清除发电机滑环表面油污,清洗检查轴承,填充润滑脂,检查二极管。

(3) 检查调整发电机调节器。

(4) 清洁起动机整流子,清洗检查轴承,填充润滑脂。

(5) 检查灯光、仪表、信号、暖风装置的工作情况,检查紧固全车线路。

2. 电器设备二级维护作业技术要求

(1) 对蓄电池的技术要求

清洁,安装牢固,电解液面符合规定。

(2) 对发电机的技术要求

1) 滑环表面光滑、无油污;电刷磨损不超过基本尺寸的 1/2;与滑环接触面不小于 75%;

2) 轴承无明显松旷,弹簧压力正常;

3) 常温下进行台架试验应符合下列要求:空载时在转速不大于 1 159 r/min 的条件下,电压为 14 V。满载时在转速不大于 2 500 r/min 的条件下,电压为 14 V,输出电流为 25 A。

(3) 对起动机的技术要求

1) 起动机运转灵活,起动有力,不打滑,无异响;

2) 电刷良好,轴承无明显松旷,螺栓紧固可靠。

3. 检查、调整分电器间隙的技术要求

(1) 检查触点应无烧蚀,如有烧蚀应用油石或砂条修磨。修磨后还需使用洁净的纸片清除触点间残存的沙粒，保证接触良好。

(2) 触点接触面积不小于85%。

(3) 两触点中心偏差不得超过0.2 mm。

(4) 触点单片厚度不小于0.5 mm。

4. 检查、调整点火正时的技术要求

起动发动机，由急速突然加至最高速，发动机有轻微而间断的"嗒、嗒"爆震声，而且加速良好。

### 二、操作技能

1. 操作内容

(1) 清洁、润滑发电机、发电机调节器、起动机。

(2) 更换车灯、仪表、喇叭、刮水器。

(3) 维修或更换充电电路的接头和导线。

(4) 检查、调整点火正时。

(5) 检查点火初级、次级电路的导线和部件。

(6) 进行制冷系统外部清洗。

2. 操作准备

(1) 汽车1台。

(2) 润滑脂、一字旋具、十字旋具、塞尺、点火正时测试灯、万用表、清洗剂、常用工具。

3. 操作步骤

(1) 清洁、润滑发电机、发电机调节器、起动机

1) 清洁发电机

①拆下电刷盒固定螺栓，取出电刷盒总成。

②拆下3个机壳螺栓，将带转子的前端盖与带定子的硅整流组合件分离。

③拆下带轮固定螺母，用拉拔器拉下带轮，取下风扇，剔下转子轴上的半圆键，拉下前端盖。拆下前端盖轴承盖固定螺钉，取下轴承盖和前轴承。

④拆下后端盖上的硅整流组合件的保护罩，拆下固定在硅整流组合件上的定子线圈的3个接线头固定螺栓，将发电机的定子线路与硅整流组合件线路分离。

⑤拆下后轴承盖，取下后轴承。

用洗油清洗轴承、轴承盖、风扇、带轮、壳体并吹干，用毛刷清除定子、转子上的尘土。

2) 清洁起动机

①旋松防尘箍紧固螺钉，取下防尘箍，用专用弹簧钩钩起电刷弹簧，将电刷从电刷架中取出。

②拆下连接驱动端盖与后端盖上的两个长螺栓，将后端盖与定子总成、驱动端盖分离。

③拆下驱动端盖上固定拨叉的螺钉，取出转子和拨叉，拆下电枢轴驱动端的挡圈，将单向传力机构取下。

④拆下电磁开关固定螺钉，取下电磁开关。

⑤用毛刷清除电枢线圈、磁场线圈和电磁开关上的尘土，用洗油清洗其余零件并吹干。

(2) 更换车灯、仪表、喇叭、刮水器

1) 更换车灯

①用螺钉旋具将卡子上部按下去的同时，向外拉散热器罩。

②卸下车灯。

2) 更换刮水器

①取下刮臂护盖，卸下固定螺母。

②拆下刮臂与刮片。

③拆下通风盖板和发动机后密封条。

④拆下刮水电机总成。

⑤拆卸传动杆总成。

⑥安装与拆卸顺序相反。

3) 更换仪表

①拆开蓄电池的负极导线，取下下加强板装饰罩。

②拆下仪表板下加强板。

③拆下转向管柱。

④拆卸仪表装饰罩总成。

⑤拆下组合仪表里程表软轴导线插头。

⑥拆下组合仪表。

⑦拆下物品箱。

⑧拆卸仪表中部装饰板，拆开点烟器导线插头。

⑨摘开暖风操纵拉线，取下暖风操纵机构。

⑩拆开暖风鼓风机电机和电子钟导线插头。

⑪拆卸仪表总成。

⑫拆下电子钟。

⑬拆卸物品箱铁扣和仪表板上部支承板。

⑭卸下仪表中部支承板。

⑮卸下线束卡子。

⑯取下仪表左、右侧通风口总成、中部通风口总成。

⑰取下仪表板左端和右端支架。

⑱安装与上述顺序相反。

4）更换喇叭　喇叭通常固定在缓冲支架上，缓冲支架与固定支架之间装有橡胶垫等物质，拆卸时不要丢失。

(3) 维修或更换充电电路的接头和导线

1）擦净导线及接头上的污垢与氧化物。

2）查看充电电路的导线是否破损，如破损应用胶布包裹好，大部分损坏，则拆下更换新的。

3）查看接头是否牢固，如松动应拧紧。

4）擦净导线及接头上的污垢与氧化物。

5）查看充电电路的导线是否破损，如破损应用胶布包裹好，大部分损坏，则拆下更换新的。

6）查看接头是否牢固，如松动应拧紧。

(4) 检查、调整点火正时

拆下第一缸火花塞，用手指按住火花塞孔，摇转曲轴，当手指上感到压力增大时，则慢摇曲轴，待飞轮或曲轴带轮上的正时记号对正，此时即为第一缸活塞在上止点位置。点火初始角位置应在上止点标记前，只要摇转曲轴，使飞轮上的点火线对准飞轮壳检查孔的刻线即可。

如果第一缸活塞在压缩终了上止点时，分电器触点不是刚刚张开，可松开分电器外壳固定螺钉，顺时针转动分电器外壳使触点闭合，再逆时针转动分电器外壳使触点刚刚张开，拧紧固定螺钉。

装好分电头，将第一缸高压线插在分电器盖和分电头对准的插线孔内，其余各缸按分电器轴的旋转方向和点火顺序，依次插好。

发动检查。起动发动机至正常温度，突然加速，此时发动机有轻微的爆震声即为合格。若在加速过程中，有明显的爆震声，则应适当推迟点火时间；若加速过程中，听不到爆震声，发动机加速又十分缓慢，则应适当提前点火时间，直到感觉正常为止。

(5) 检查点火初级、次级电路的导线和部件

1）断开点火线圈所有导线接头。

2）用欧姆表检查初级导线电阻应符合要求。

3）次级线圈电阻测量方法是用欧姆表测量点火线圈正极与高压端之间的电阻，其标准值为 7~12 kΩ；若达不到标准值，点火线圈应更换。

（6）进行制冷系统外部清洗

1）检查冷凝管道和散热片上有无污垢，若有则应及时清理。

2）检查散热片表面是否损坏。

3）检查蒸发器散热片表面是否有污垢，必要时应清除污垢，并用压缩空气吹干。

# 第六章 诊断与排除汽车电器设备故障

## 第一节 诊断与排除起动系故障

> **学习目标**
> - 能够诊断与排除起动系电路故障。

### 一、相关知识

1. 起动电磁开关故障现象、原因

（1）现象

接通点火开关至起动挡，电磁开关吸合不实发出"嗒、嗒"声。

（2）原因

1）蓄电池电量不足或内部有故障。

2）蓄电池极桩与连接导线接触不良。

3）电磁开关的保持线圈存在断路故障。

2. 起动系电路短路或断路故障现象、原因

（1）现象

点火开关旋至起动挡，起动机不转。

(2) 原因

1) 蓄电池极桩松动或因有氧化物而接触不良。

2) 导线断路或连接不良。

3) 电磁开关触点烧蚀或接触盘与触点不能接触。

4) 电磁开关线圈断路、接地、短路。

5) 起动继电器触点烧蚀或磁力线圈断路、烧坏。

3. 起动机离合器故障现象、原因

(1) 现象

1) 起动机空转。

2) 起动机运转不停。

(2) 原因

1) 单向离合器打滑或损坏。滚柱式单向离合器打滑，多因楔形槽和滚柱磨损过多而引起；弹簧式单向离合器打滑，多因弹簧折断或弹簧首末圈的紧缩量消除而引起；摩擦片式单向离合器打滑，常由下述原因引起：外接合鼓定位卡簧脱落，使摩擦片与结合鼓脱开；花键套前端的特殊螺母松动；弹簧圈破裂；从动片表面磨损，减小了与主动片结合的摩擦力；飞轮将变速器或曲轴箱窜入的润滑油甩入摩擦片间等。

2) 起动继电器触点和电磁开关触点有问题。

3) 单向离合器可能卡死，缓冲弹簧可能折断或过软。

**二、相关技能**

1. 操作内容

(1) 诊断、排除起动电磁开关故障。

(2) 诊断、排除起动系电路短路或断路故障。

(3) 诊断、排除起动机离合器故障。

2. 操作准备

(1) 汽车 1 台。

(2) 汽车维修工具及设备。

3. 操作步骤

(1) 诊断、排除起动电磁开关故障

1) 检查蓄电池连接导线处有无松动、锈蚀，若松动应紧固；若锈蚀应拆下连接导线用砂纸清洁极桩后重新紧固。

2) 检查蓄电池的放电程度，若电量严重不足，应进行充电。

3）检查电磁开关保持线圈是否断路，若有应予以更换。

(2) 诊断、排除起动系电路短路或断路故障

1）检查蓄电池极桩是否接触牢固。

2）检查起动机导线是否有断路、短路。

3）检查起动机电磁开关工作是否正常。

4）检查继电器触点是否烧蚀或磁力线圈是否断路、短路。

(3) 诊断、排除起动机离合器故障

1）起动机空转　起动机空转时转速很高，可听到"嗡嗡"的高速旋转声，一般为单向离合器打滑或损坏。可先用手正反向转动驱动齿轮，若均能转动，则证明是离合器失效。为了进一步确认，可检查单向离合器的锁止力矩。

2）起动机运转不停　出现这种故障应立即切断电源，否则会损坏起动机。在断电熄火后，先检查起动继电器触点和电磁开关触点是否烧结焊死，以排除电路不能断开的故障；再检查单向离合器是否因卡死、缓冲弹簧是否因折断或过软等机械故障，致使驱动齿轮不能退出啮合位置而被飞轮反拖。

## 第二节　诊断与排除充电系故障

---

**学习目标**

- 能够诊断与排除蓄电池自放电故障。
- 能够诊断与排除充电电流过大或过小故障。
- 能够诊断与排除发电机不发电故障。

---

### 一、相关知识

1. 蓄电池自放电故障现象、原因

(1) 现象　充电后的蓄电池，前一天使用良好，放到第二天电压便降低很多，致使起动机转动无力、喇叭声响低弱。

(2) 原因

1）连接蓄电池的导线有漏电之处。

2）蓄电池极板之间短路。

3) 电解液中含有杂质。

4) 蓄电池槽底沉积杂质过多而短路或电池盖上不清洁，溢出的过多电解液造成电池极柱间短路。

2. 发电机充电电流过大或过小故障现象、原因

(1) 现象

发动机由低渐高升至中速运转时，打开前照灯，电流表指示放电，但灯光暗淡，电喇叭声音小等，这些现象表示充电电流过小。发动机中速以上运转时，电流表指示大电流充电，此时会出现蓄电池电解液消耗过快；点火线圈和发电机过热；断电器触点经常烧蚀；各种灯泡烧毁等，这些现象均表示充电电流过大。

(2) 原因

1) 充电电流过小的原因

①各连接线接头松动，致使接触不良，应保证接头牢固。

②发电机发电量小，可能是发电机风扇V带松弛打滑，一个或两个硅二极管损坏，电刷与滑环接触不良，定子绕组有一相连接不良或断开等。检查V带，不得打滑；更换二极管，保证电刷与滑环接触良好。

③调节器有故障，可能是调整值过低，低速触点脏污，致使接触不良，应清洁低速触点。

2) 充电电流过大的原因

①调节器调整值过高，可能是调整不当或高速触点脏污以及接触不良，应清洁高速触点。

②调节器不工作，可能是其电磁线圈断路或短路，低速触点烧结，加速电阻或温度补偿电阻烧断。此时应更换电磁线圈和低速触点，重新更换温度补偿电阻。

3. 发电机不发电故障现象、原因

(1) 现象　发动机高于怠速运转时，电流表指示放电或充电指示灯发亮。

(2) 原因

1) 连接线中有断路或风扇V带打滑。

2) 电流表损坏或接反。

3) 发电机不发电，可能是内部的二极管损坏，电刷卡死与滑环不接触，内部绕组断路或短路，磁场线路接线柱接地。

4) 调节器故障。可能是调整不当，或低速触点接触不良，高速触点烧结，内部有断路处。

## 二、相关技能

1. 操作内容

(1) 诊断、排除蓄电池自放电故障。

(2) 诊断、排除发电机充电电流过大或过小故障。

(3) 诊断、排除发电机不发电故障。

2. 操作准备

(1) 汽车1台。

(2) 万用表、蓄电池测试仪、试灯、一字旋具、十字旋具、常用工具。

3. 操作步骤

(1) 诊断、排除蓄电池自放电故障

1) 首先应检查蓄电池外部是否清洁，特别是电池盖上是否有污物堆积。

2) 然后检查导线有无接地、短路之处。检查时要关闭各用电设备，拆下蓄电池一个接线柱上的导线。将线端与接线柱划碰试火，若有火花，应逐段检查有关导线，找出接地短路之处；若无火花，说明故障在蓄电池内部，应拆开修复。

(2) 诊断、排除发电机充电电流过大或过小故障

1) 充电电流过小诊断与排除

先检查风扇V带有无松弛打滑现象。若正常，则拆除发电机"F"与调节器"F"接线柱之间的连接，使发动机中速运转，用旋具将发电机"＋"与发电机"F"接线柱短接。若充电量增大，说明可能是调节器低速触点烧蚀、脏污或调整电压过低，应分别检查排除。若充电量仍过小，则说明发电机有故障，应拆修。

2) 充电电流过大诊断与排除

先检查调节器低速触点是否烧结而不能张开，高速触点是否烧蚀而接触不良。再检查电磁铁心的吸力，发动机做中速转动，用旋具尖接触活动触点臂，试探电磁吸力，若无吸力，可能是电磁线圈烧断，调节器内的电阻烧断或接地不良；若有吸力，则可能是调节器活动触点臂拉簧过紧，导致调节电压过高，应重新校正。

(3) 诊断、排除发电机不发电故障

诊断不发电故障，首先应区别不发电是因蓄电池存电不充足，还是充电系统确有故障，或其他某些故障所引起。若由于其他某些故障所引起，可检查风扇V带是否打滑、各连接导线接线是否良好和正确等。

# 第三节　诊断与排除照明、喇叭、仪表装置故障

> **学习目标**
> - 能够诊断与排除转向灯不亮故障。
> - 能够诊断与排除喇叭不响故障。

## 一、相关知识

1. 前照灯暗淡、不工作或不断电故障现象、原因

(1) 现象

1) 前照灯灯不亮。

2) 前照灯灯亮但暗淡。

3) 前照灯长期灯亮。

(2) 原因

1) 熔丝（保险丝）熔断。

2) 前照灯灯泡损坏。

3) 各配线有断线及接地不良。

4) 各开关不良。

5) 灯泡自身老化。

6) 熔丝（保险丝）、配线、开关、继电器的接触不良。

2. 喇叭不响的故障现象、原因

(1) 现象

喇叭不响。

(2) 原因

1) 蓄电池的电压不足。

2) 喇叭继电器不良。

3) 喇叭开关不良。

4) 喇叭有问题。

5) 喇叭电路线断线。

**3．机油压力报警故障现象、原因**

(1) 现象

1) 指示灯不亮。

2) 指示灯不灭。

(2) 原因

1) 熔丝（保险丝）熔断。

2) 指示灯灯泡损坏。

3) 油压开关不良。

4) 熔丝（保险丝）、灯泡、油压传感器之间配线断线。

**4．转向灯不亮故障现象、原因**

(1) 现象

1) 转向灯左右灯都不亮。

2) 转向灯左灯或右灯只有一个不亮。

(2) 原因

1) 蓄电池电压过低。

2) 熔丝（保险丝）熔断。

3) 闪光器不良。

4) 灯泡烧损。

5) 线路接触不良。

6) 转向指示开关不良。

**5．制动报警灯不亮故障现象、原因**

(1) 现象

踏下制动踏板时，制动报警灯不亮。

(2) 原因

1) 灯泡灯丝烧断或接地不良。

2) 制动灯开关损坏或线路断路。

## 二、相关技能

**1．操作内容**

(1) 诊断、排除前照灯暗淡、不工作或不断电故障。

(2) 诊断、排除喇叭不响的故障。

(3) 诊断、排除机油压力报警故障。

(4) 诊断、排除转向灯不亮故障。

(5) 诊断、排除制动报警灯不亮故障。

2. 操作准备

(1) 汽车 1 台。

(2) 汽车维修工具及设备：万用表、试灯、一字旋具、十字旋具及常用工具。

3. 操作步骤

(1) 诊断、排除前照灯暗淡、不工作或不断电故障

1) 从电源开始顺着电压的有无做线路的导通检查。

2) 检查灯泡的好坏，不好应更换。

(2) 诊断、排除喇叭不响的故障

1) 检查喇叭用熔丝（保险丝）。

2) 熔丝正常，用喇叭的接点直接和蓄电池连接试验。

3) 喇叭不响，检查喇叭。

4) 喇叭响，用喇叭继电器 3 号端子接地。

5) 喇叭不响，检查喇叭继电器。喇叭继电器正常，则为喇叭继电器和喇叭间的配线做导通检查。

6) 喇叭响，检查喇叭开关导通情况。

7) 如不通，则为喇叭开关不良；如导通，则在喇叭开关和喇叭继电器间的配线做导通检查。

(3) 诊断、排除机油压力报警故障

检查机油量、蓄电池、熔丝（保险丝）及油压传感器是否良好，检查线路是否良好。

(4) 诊断、排除转向灯不亮故障

1) 紧急闪光灯 ON 位置检查灯闪频率。

2) 灯不闪，检查闪光器 B 端子电压。

3) 无电压，进行闪光器 B 和开关 F 之间配线导通检查，开关输入端子（B1、B2）的电压检查。

4) 有电压，进行闪光器 B、L 端子短路，检查灯亮否。

5) 灯不亮，进行下列检查：

①闪光器 L 和开关 TB 间的配线进行导通检查。

②闪光器 TR 和各灯间配线做导通检查。

③检查各灯。

6) 灯亮，则为闪光器自身不良，或者是闪光器的接地不良。

(5) 诊断、排除制动报警灯不亮故障

1) 检查刹车灯熔丝是否烧断。若有问题，则予以排除。
2) 测量刹车开关是否有输出电流。若无，则予以排除。
3) 检查灯丝检测器是否合格。若不合格，则予以更换。
4) 检查电路接头接触是否良好。若有问题，则予以排除。
5) 检查灯丝是否烧断。若灯丝烧断，则应更换报警灯灯泡。